稼げる［デジマ人材］キャリアアップ A to Z

DIGITAL MARKETING

ぱる出版

まえがき

「ネットの記事を参考にして、パソコンを買った」
「インスタグラマーがおすすめしていたコスメを買った」
「ネットの口コミがよかった不動産会社に相談した」

いまや、デジタル上の接点を通じて商品やサービスを購入するのが当たり前の時代です。そしてその裏側で動いているのが、さまざまなデジタルテクノロジーを用いて売上拡大を目指すマーケティング手法である「デジタルマーケティング」です。

デジタルマーケティングの成否が企業の業績に直結しかねない現状にあって、デジタルマーケティングを担う人材の争奪戦が繰り広げられています。

こういうお話をすると「デジタルマーケティング人材は、さぞ好待遇なんだろう」と思うかもしれません。

しかし、実情はやや異なります。

確かに高い年収をもらっている人もいますが、真面目にがんばっているのに報われない人が少なくないのが、いまのデジタルマーケティングの世界です。

私の知り合いの30代前半の男性は、ネット広告の運用を行っていますが、彼の仕事は過酷です。平日は朝から、夜中の12時ごろまで働くのは当たり前。クライアントの命令は絶対なため、毎週土曜日の23時に広告の出稿を行わなければなりません。

土日にゆっくりすることすら許されないのです。

驚くことに、罰金制度まであります。

例えば10万円として設定すべきだった広告出稿金額を15万円にしてしまった場合、罰金をクライアントに支払わなければならないのです。

ブラック企業というほかないでしょう。

これほど過酷な職場環境でありながら、年収は、決して高給とはいえない、４００万円ほどです。

その一方で、「残業ナシ、福利厚生充実、ワーケーション制度あり」といった好待遇なうえ、年収１０００万円オーバーの人もたくさんいる……。

この不公平な現実こそが「デジタルマーケティング業界のリアル」なのです。

しかし「それが現実なんだから」と言ってかたづけてしまうのは、間違っていると思います。

デジタルマーケティングという仕事は、幸せな社会を支え、ライフスタイルにイノベーションをもたらす素晴らしい職業です。

そのような仕事であるにもかかわらず、どんなに頑張っても報われない人がいるとしたら、それは、本人の責任ではありません。会社が本人の努力を搾取しているか、本人に合わないキャリア形成を強いているかのどちらかです。

現在のデジタルマーケティング業界を取り巻く環境を鑑みれば、真っ当な場所で正しい努力を続けていれば、それに見合ったポジションや収入は自然とついてきて当然なはずです。

私たちが豊かな生活を送るためには、デジタルマーケティングは不可欠な要素です。そのような重要な業界でがんばっている人が幸せなキャリア人生を歩めないようでは、日本に未来はないと言っても過言ではありません。

私はかつて、デジタルマーケティング会社で採用の仕事をしていました。

その当時から、自分の経験を活かして、少しでもデジタルマーケティングにかかわる人材の現状をよくすることはできないかと考えていたのですが、それが、デジタルマーケティングに関わる人材専門の人材紹介エージェントである「株式会社ウィンスリー」を立ち上げたきっかけです。

私は会社設立から今にいたるまで、ウィンスリーとしてのべ1万5000名以上の転職支援を行ってきました。そして、95％を超える方々が、短期離職がなく在籍を続け、さらには次のように年収アップを実現した方々が多数います。

・データマーケター（38歳）「年収600万円」↓「年収1200万円」
・広告運用マネージャー（40歳）「残業100時間（年収1200万円）」↓「残業ゼロ（年収800万円）」
・外資系起業に転職した広告営業担当者（32歳）「年収600万円」↓「年収1200万円」
・小売の店長がSaaS系ベンチャー営業部長に転職（28歳）「年収400万円」↓「年収1000万円」
・アルバイトから正社員にキャリアアップしたSNS広告担当「月収8万円」↓「年収360万円」

この成績は、私たち「ウィンスリー」が、一般的なエージェント会社に比べ、より転職希望者の方の思いに寄り添って活動を続けてきた成果だと思います。

「人材エージェントなんて、どこも同じじゃないの？」と思われるかもしれませんが、それは違います。人材エージェントで紹介された会社に念願の転職を果たしながらも、入社前に聞いていた話とは異なり、短期退職をしてしまう方も数多くあるのです。働き方が過酷であった、社内関係がよくない、上司のパワーハラスメントが横行しているなど……。

このようなことが起こるのは、人材紹介にはびこる「落とし穴」が大きな原因です。皆さんには本当に幸せなキャリアを歩んでほしいと思い、この「落とし穴」についても切り込んでいきます。

本著ではデジタルマーケティング界でより「幸せな転職をする方法」を、ふんだんに紹介しています。本著を読んだ方は次のようなメリットが得られます。

・自分の頑張りが正当に評価される会社に転職する方法がわかる
・自分に合った働き方ができる会社を見つけられる
・業界未経験者でもデジタルマーケティング職に転職できるようになる
・キャリアアップの道筋が見えてくる
・自分の市場価値がわかる
・副業でデジタルマーケティングの仕事を始められる　etc

一生に一回しかない人生。

好きでもない、やりがいのない仕事で、人生の大部分を埋めてしまうことは非常にもったいないことです。キャリアに前向きで、そして少しでもデジタルマーケティング分野に興味ある方には、ぜひお読みいただきたいと思っています。

本書の構成は、次のようになっています。

第1章では、圧倒的に人材不足であるにもかかわらず、全員が好待遇とはならず、待遇面で2極化が進むデジタルマーケティング業界のリアルな現状をご紹介しています。これから新たにこの業界に入ろうと考えている方は、ぜひ参考にしてください。

第2章では、2極化の一方の極である好待遇の人々のリアルについてお話ししています。合わせて、そこにたどり着くための具体的な行動方法も紹介しています。

第3章では、私が数多くの「幸福な転職」を支援する中で体系立ててきた、門外不出の幸せな転職を実現する方法、「デジキャリメソッド」を紹介しています。このメソッドを知り、実践することで、転職成功率がぐんと高まることでしょう。いわば本書の核心部分とも言える部分です。

第4章では、実際の転職成功例を紹介しています。経験や実績がなくてもデジタルマーケティング業界へ転職した例、超激務から逃れ充実した生活を送れるようになった例、自分の想像以上に高く評価され年収アップに成功した例など、私がサポートしてきた転職の実例をおわかりいただけると思います。

第5章では「幸福な転職」を実現するため、転職活動において具体的に注意するべきポイントを提示しました。手前味噌になりますが、一般的な転職者では気づかない、経験豊富なプロの人材エージェントだからこそ言えることばかりです。具体的に転職を考えている方であれば特に熟読してほしいと思います。

第6章は、人材エージェントを利用するなかで、転職者にありがちな勘違い、気づかない落とし穴について紹介しています。今までどのエージェントも明かすことがなかった、いわば「人材エージェントの不文律」です。一人でも多くの〝幸福な転職成功者〟を増やすために、今回あえて公開することを決意しました。

そして第7章では、デジタルマーケティング業界と、そこで働く方々に向けてメッセージを送らせていただきました。デジタルマーケティング業界だからこそ実現できる明るい未来を感じ取っていただけると思います。

いま、具体的に転職活動を進めている方、あるいはまだ転職活動はしていないけれど、いずれは新たなステージで活躍したいと考えている方、そして転職は考えていないけれど、どのようなものか興味のある方など、本書は、どのような方にとっても役立つものと確信しています。

ぜひ本書によって、幸福な転職を勝ち取ってください。

1章 稼げる？ 稼げない？ デジマ業界の真実

2章 どうしたらなれる？ 「年収1000万円のハイレベルデジマ人材」

3章　成功者が続々！夢の転職がかなう「デジキャリメソッド」5ステップ

4章 年収2倍、残業なし…華麗なる転職事例9選

5章 ハイレベル人材だけが知っている8つの成功Tips

6章 初心者がハマりがち！ 避けるべき〝転職トラップ〟

企画協力：潮凪洋介（HEARTLAND Inc.）
編集協力：滝口 雅志・柴田恵理

１章

稼げる？　稼げない？
デジマ業界の真実

政府の目標は230万人のデジタル人材の育成

「デジタル田園都市国家構想」をご存じでしょうか？

「デジタル」と「田園都市」という相反する言葉が並んでいて、不思議な印象のある言葉ですが、一言でいえば「少子高齢化が進み、衰退する地方をデジタルの力で活性化させ『地方創生』を進めよう」という国の政策です。


この構想は内閣官房をはじめ、経済産業省、総務省、デジタル庁など、省庁を横断して進められており、国の〝本気度〟がうかがえる、まさに一大国家プロジェクトです。

「地方創生とデジタルがどう関係があるんだ？」と思われるかもしれませんね。

例えば高齢者の介護施設への送迎する際の事を想像してみてください。

介護施設の職員にとって送迎業務は、時間も体力も必要とする大きな負担です。

都会であれば職員の数も多いので、それぞれの介護施設で送迎業務を行う余裕もありますが、職員の数が少ない地方では、なかなか余裕はありません。

だからといって送迎サービスをやめるわけにはいかず、職員の負担も減らず、結果、職員が退職してしまい介護サービスの継続が難しくなるというケースもあります。

そこで、デジタルの活用です。

複数の施設が利用できる送迎の仕組みをつくり、利用者の住所や送迎時間を考慮して効率的なルートをＡＩが作成。それにしたがって送迎車の運行を行うことで、職員の負担は軽減し、さらに送迎車は稼働の合間をぬって、高齢者のために日用品の配達や。病院への送り迎えといったサービスも展開できます。

このように、人口が少ないために、個人の頑張りだけでは対応が難しい地方の問題であっても、デジタルを活用することで解決できることがたくさんあるのです。

とはいうものの、実際にデジタル化をすすめるためには、人材が必要です。

そこで政府は、２０２６年度までに、「デジタル田園都市国家構想」を推進するために必要なデジタル人材を２３０万人育成するという方針を立てています。

そこで求められているのは、開発に携わるエンジニアやオペレーターはもちろんですが、それだけではありません。

地域に住む人たちのニーズを吸い上げ、それをどのようにデジタルで解決していくのか、全体の設計図を描く「ビジネスアーキテクト」、ビッグデータを解析して最適解を導き出す「データサイエンティスト」、そして具体的なプロダクトをデザインする「UI／UXデザイナー」など、ビジネスの領域で活躍できるデジマ人材も圧倒的に不足しているのが現状であり、そのため、現在、官民あげて、人材育成を進めているのです。

将来の日本のグランドデザインを描くデジマ人材は、今後ますます重要な存在になっていくでしょう。

業績が伸びているのに「デジタル人材不足」の裏事情

「デジタル田園都市構想」では、230万人のデジタル人材を育成するという政府の方針ですが、デジタル人材マーケットのど真ん中にいて、日々デジタル人材不足を痛感している私からすると「本当にできるのかな？」という気がしてなりません。

官民、そして学と、総力をあげて人材育成に取り組んでいることには頭が下がりますが、人材を育てるということは、工業製品をつくるのとはわけが違います。

もともと2026年には330万人のデジタル人材が必要になると言われていますが、現状では100万人なので、不足している230万人を育成するということです。しかし、今までの時間をかけて100万人なのに、あと数年で倍以上増やすというのは、かなりの努力が必要になるでしょう。

なぜ、そのようなことになっているのでしょうか。

ここではデジマ領域の人材について説明していきますが、大きく、ふたつの理由があると思います。

まず、日本ではデジマ領域の歴史そのものが浅いということがあります。

例えば、Ｙａｈｏｏ！と楽天を見てみると、前者のサービス開始が１９９６年、後者は１９９７年。そして、アマゾンジャパンは２０００年にスタートしています。

いずれも、20年以上は経過しているサービスです。その年数と企業の持つ影響力を考えれば、業界全体でデジマについての知見が蓄積していて、人材も豊富にそろっていると考えるのが普通でしょう。

しかし現実には、スマホが本格的に普及しはじめる２０１０年ころまでは、モバイル環境はガラケー中心だったために、デジタルでエンターテイメントやショッピングを楽しむためにはパソコンが必要な状態だったので、大きな成長はなく、また本格的なマーケティングの概念もありませんでした。

その状況が大きく変化したのは、スマホの普及です。

誰もがスマホでエンタテイメントを楽しんだり、ＥＣを利用するようになり、もはや買い物はスマホでするのが当たり前の状況になりました。

さらに２０１５年にはデジタルとリアルの融合という「オムニチャネル」の概念が広がり始め、それに歩調を合わせるように、デジタルマーケティングの重要性が高まってきたのです。

２０１５年が、本格的なデジマ元年だとすると、２０２３年現在では、また10年も経過していません。

もちろん２０１５年以前にもデジタル広告は存在し、大手広告会社をはじめ、多数の企業がその運用を手掛けていましたが、それは今日のデジタルマーケティングの手法とは大きく違います。

そうであれば、当然、マーケティングの現場で求められる人材も大きく違います。

プロフェッショナルなデジタルマーケターを育成するには、どうしてもある程度の時間がかかります。

一方、デジタルマーケティングを進めていきたい企業は増え続け、デジマ人材のニーズは比例級数的に高まっています。

そのギャップが、深刻なデジマ人材不足の一因です。

そしてもうひとつの理由が、ブラック化による人材の流出ではないかと思います。

柔軟な対応や施策の成果が可視化されることなど、クライアントにとってデジタルマーケティングのメリットはいろいろありますが、その分、クライアントからの要求は厳しくなりがちです。特に、実務を進める「下流」と呼ばれる領域は過酷です。昼夜、土日を問わず対応を求められることも珍しくありません。結果、体を壊しそのまま休職。健康になっても復職はせず、別の業界に行くという人も数多くいます。このような状況が続き、人材が増えるよりもいなくなるペースのほうが早かったら、人手不足になるのは当然でしょう。

優秀なデジマ人材をどれだけ確保できるかで、今後の企業の命運は大きく変わるでしょう。

デジマ企業間でのリクルート合戦だけでなく、大手メーカーなどが自社でデジマ人材を抱えようという動きも活発化しており、いまやデジマ人材は文字通りの奪い合いです。

このような状況になっているのは、やはり、政府だけでなく日本企業全体がデジタル化への見通しが甘く、またデジタル人材の重要性についての理解が不足していたことが大きな要因になっているのではと思います。

ホットな市場！　デジマ業界の転職者の6割は「未経験者」

「いまの仕事に将来性を感じられなくて……。デジマ業界での仕事をしたいのですが、未経験者の場合、どのようなスキルが必要ですか？」

最近、このような転職希望の方が多くいらっしゃいます。

そのようなとき、私はこう答えています。

「デジマ業界に転職するためには、特別な経験値は必要ありませんよ」

相談者の気を引こうとしているわけではありません。本当のことです。

事実、デジマ業界への転職者の6割くらいは、デジマのスキルはほとんどない、業界未経験の方です。

そのような方でも、今ならデジマ業界への転職は可能なのです。

ちなみにデジマとは、大雑把な言い方ですが、リアル店舗やECサイトなどの売上データや、WEBやSNSの広告など、デジタルツールを活用したマーケティング手法のことです。言うなれば、技術部門以外のデジタル関連の仕事とイメージしていただくとわかりやすいかもしれません。

そしてデジマ業界とは、総合広告会社のデジタル部門や、デジタル専門の広告会社、データマーケティング会社、コンサルティング会社、調査会社などです。

デジマ業界は、その拡大スピードに人材の供給が追いついていません。

そのために、企業間での人材獲得競争は熾烈を極めています。

そのような状況にあって特に困っているのが、応募者から注目されにくい中小規模のデジマ企業です。

そこで、それらの企業では、デジマ業界は未経験であっても、いい人材であれば積極的に採用して自社で育てていくという流れになりつつあります。

そのため、未経験者でもデジマ業界に入れる可能性は十分にあるのです。

転職相談の中心層である20代後半~30代は、もともとデジタルリテラシーが高い人たちです。

ですから、デジマ業界は未経験であっても短期間でのキャッチアップが可能です。3、4ヶ月の間、ＯＪＴなどで実務を経験したあと、そのまま現場に配属されることもあります。

「未経験だから」と臆することは何もありません。

とはいえ、さすがに誰でもいいというわけではありません。

当然、デジマに取り組むうえで、求められる資質はあります。

特に未経験者の場合、売り物となるスキルがないのですから「この人は本当にデジマに向いているか」という点は慎重に見られます。

それは、次のような点です。

1　ものごとを「数字」で論理的に考える傾向がある

デジマ人材に求められる資質のひとつは、数字を使った論理的な思考力です。たとえば広告クリエイティブの評価をする場合でも「このクリエイティブを使ったところ売上が伸びました」では、失格です。

デジマ人材風に言うのであれば「このクリエイティブは◯%のユーザーから評価され、結果的に△%のユーザーが購買意欲を示し、実際に□%の売上向上につながった。結果、他のクリエイティブと比較して効果があったと言える」という具合です。

感覚的に物事を判断しがちな人は、何ごとも数字を使って論理的に考えるクセをつけましょう。

ちなみに、論理的思考力を鍛えるのに効果的なのが「フェルミ推定」です。コンサルティング会社の面接でもよく使われます。

これは「日本中に電柱は何本あるか」「日本中の電線の長さを合計すると何キロになるか」「いま、日本でスマホを見ている人は何人いるか」など、実際に計測するのは難しい数値を論理的に考えて答えを出すものです。

ちなみにフェルミ推定を使った面接は、あまりにも突拍子もないものでなければ、答えの正確さは重視されません。重要なのは、解答にたどりつくまでの論理的思考のプロセスです。いろいろなサイトで例題が紹介されているので、興味のある方はチャレンジしてみてください。

2　好奇心と向上心

デジマ業界は、ほかの業界と比較して変化のスピードが非常に速い業界です。

次々と新しい技術やサービスが生み出されていくので、トレンドウォッチは欠かせません。

デジマ業界にあっては、半年前のトピックはもはや過去のこと、1年前の話題は歴史上の出来事になっていると言っても過言ではないと思います。

このスピード感に、向上心と好奇心を持って追いついていく。

しかもそれを、義務ではなく楽しんでやっていく。

この姿勢が絶対的に不可欠です。

3 デジマへの強い意欲を言語化する

3つ目は、面接テクニックのような話になりますが、自分の意欲を相手に伝えることの重要性を認識するということです。未経験者を採用する立場からすれば「なぜデジマ業界に入ろうと思ったのか」は疑問に感じるでしょう。

デジマへの熱意をわかりやすく伝えるためには、例えば、アピールする内容は「普段からInstagram、TikTokなどSNSサービスに積極的に触れている。だから今度は、SNSでサービスを提供する立場になりたい」ということでもよいでしょう。

逆に、そのようなデジタルサービスにまったく触れていない、あるいは触れていてもきちんとアピールできなければ「デジマに興味がない人」という目で見られてしまいます。

「なんとなくカッコよさそうだから」というのは論外として、真剣にデジマ業界を目指している人であっても、残念ながらその熱意を言語化できているケースはあまり多くありません。ですから私が未経験者を企業に紹介する場合、熱量があり、しかも論理的で説得力のある志望動機となるよう、徹底して磨き上げます。

この3点をしっかりできれば、未経験者であっても「採用される6割」に入る可能性は非常に高くなります。

最後にもうひとつお伝えしたいのが、一般的にはあまり知られていないものの、人材育成に定評があり、業界内での評価が高い会社に注目してほしいということです。

そのような会社の多くは少数精鋭であるものの、未経験者の採用にも積極的です。

さらに、そこで数年キャリアを積んでいけば、ステップアップできる可能性も十分にあります。

転職先を考えるとき、どうしても会社の規模や知名度に目が行きがちですが、未経験者の場合、いきなりそのような会社への転職を果たすのは、正直なところ、そう簡単ではありません。

しかし、まずはしっかりした会社でデジマのスキルを身につけることで、評価はがぜん高まり、ヘッドハンティングされる可能性すらあります。

実はこの方法は、未経験のデジマ業界志望者に対して、私が強くすすめている転職法でもあります。

「いずれは憧れのあの◯◯社へ！」

そんな希望を、ぜひこの方法で叶えてください。

なぜ、デジマ人材の年収は大きく「2極化」しているのか？

圧倒的に不足しているデジマ人材というと「引く手あまたで高給取り」という印象があるかもしれません。

確かに、今をときめく業界を象徴するように、年収1000万円を超える高給取りはたくさんいます。

しかしその一方で、年収が200万円、300万円という人たちもたくさんいます。

どの業界でも年収の差があるのは当然なのですが、個人的な感覚ではあるものの、デジマ業界は、年収が2極化している傾向が強いように感じます。

「盛り上がってる業界なのに、ずいぶん差があるな……」と、この2極化に違和感を覚える人は少なくないでしょう。

では同じ「デジマ人材」なのに、なぜ年収の2極化が進んでいるのでしょうか？

実は、自分の属する部署がコストセンター※なのか、あるいは利益をもたらすプロフィットセンター※なのかということで、大きな違いが出るのです。

企業がＤＸに取り組む理由のひとつが、コストカットです。

アナログでやっていた作業をデジタル化することで省力化、コスト削減を実現するのが目的なので、ＤＸの結果、人件費が増えてしまったのでは、意味がありません。そのため、人手不足ではあっても、コストセンターの場合、高い給料は出せないということです。

例えば、デジタル広告の出稿を増やすことになったので、その管理に広告の運用担当者を採用する場合、ＤＸによって収益が向上するわけではありません。当然、給料は低くおさえられがちです。

一方、ＤＸによって新しいサービスを立ち上げたり、画期的なビジネススキームを構築するような人材の場合は、会社に新しい売上をもたらす可能性があります。

そのため、新しい売上をつくり上げるような優秀な人材であればあるほど、十分に高い給与を払う価値があると会社は考えるでしょう。

また、特殊な技術を持つエンジニアやデータサイエンティストのような、ＤＸの推進に欠かせない希少人材も同様です。希少な分さらに、会社側は高い給料を払ってでも確保しようとするでしょう。

失礼な言い方かもしれませんが、言われたことだけやればよいデジタル広告の設定・管理などの仕事の場合は、デジマ人材と言っても高い価値を認められず、低い給料に甘んじることになってしまうのです。

とはいえこれでは、希望を持ってデジマ業界に入ってきたものの、そのような部門に配属されたばかりに明るい未来が描けない……といった、救いのない話になってしまいます。

安心してください。上を目指すことはもちろんできます。

そのための方法は「当事者意識を持って仕事にあたる」ということです。

例えば、クライアント相手に、Ｇｏｏｇｌｅでの広告運用を管理している場合、単に指示通りに設定と管理をするのではなく「これはＧｏｏｇｌｅではなくフェイスブックに出稿したほうがいいのでは?」「このクリエイティブを少し変えれば、もっと数値が改善されるのでは?」など、広告主と同じ目線に立ち、よりよいパフォーマンスを出すにはどうしたらよいか考え抜き、ときにはそれを担当者に提言してみてください。

そしてそのときは、単に「こうしたほうがいいと思う」というのではなく、根拠をしっかりと示しながら、論理的に相手に説明しましょう。

つまり、所属部署はコストセンターであっても、つねにプロフィットセンターの社員、さらには広告主と同じように考えるクセをつけるということです。

広告業界では、クライアントにより近いポジションで、施策の方向性や予算を取り仕切るプロセスを「上流」、上流過程で決められた施策を実施していくプロセスを「下流」と呼びます。

一般的には、上流に近いほど年収は高く、下流に行けばいくほど、年収は少なくなっていきます。そして先ほどの広告運用部門は、残念ながら典型的な下流です。

誤解のないように言っておきますが、この「上流」「下流」というのは、あくまでもプロジェクトのプロセスに過ぎず、仕事のレベルの高低や、まして働く人の人格・能力を判断するものではありません。

しかし上流に近づくほど責任は重くなり、また利益に直結する仕事も増え、その結果年収も高くなるということになります。

デジマ業界の年収が2極化しているのは残念ながら事実ですが、それに甘んじたり、くさったりせず、ぜひさらに上を目指してほしいと思います。

※**コストセンター、プロフィットセンター**　コストセンターとは、企業内の活動で利益を生み出すことなく、人件費などのコストが発生する部門。(ex.経理部、人事部、総務部)　プロフィットセンターとは、その反対に利益を生み出す部門ものこと。(ex.営業部)

「残業100時間」で時給がたった250円

一般的には、転職活動は、会社で働きながら進めていくものです。

しかしあまりにも忙しすぎると、休みが取れず、また転職に向けてしっかりと自分に向き合うこともできず、仕事と転職活動の両立が難しい場合も出てきます。

私のもとにくる相談者の中には「(前の)会社にいては、転職活動の時間が取れない」と、すでに退職している方も少なくありません。

蓄積した過労のためか憔悴した表情で、精神的にも落ち詰められている様子で、なかなかうまく話もできない状態という方もいます。

「そこまで働かなくてもいいのに。体を壊したら、何にもなりませんよ」と私が言うと

「でも、自分がやらないとほかの人が迷惑するから……。給料もほしいし……」と、乏しい表情、小さな声で返事が返ってきます。

責任感の強さと、毎月の収入が途絶えてしまう恐怖で何とか続けてきたものの、さすがに限界だったのでしょう。

このような例は、珍しいものではありません

広告運用を手がけていた男性が当社を訪ねてきました。

彼は、約100社の広告運用を担当していたとのこと。もちろん1社として他社と同じ運用をする会社はありませんから、約100件の作業を1人で進めていたのです。

運用途中で問題が発生しなければ、こなせない数ではありませんが、そううまくいくはずがありません。

「ちょっとこの単価を変えておいて」「土日は基本的に出稿をとめてください。ただし日曜日の深夜から再開をお願いします」など、日々発生する新たなオーダーに応えるために、残業は1ヶ月で100時間オーバー、土日も休みはなし。裁量労働制だったので、労働基準監督署に相談することもできない状態が何年も続いていました。

そしてあるとき、ふと自分の給料を時給換算したところ、その額はわずか250円！　さすがにこれではムリだと考え、その会社を退職し、仕事探しのために私の会社に相談に来たのです。

また、完全に体を壊してしまった女性のWEBディレクターの方もいました。

彼女の場合、給料はそれほど悪くはなかったのですが、非常にクライアントからの当たりがきつく、しかも彼女との約束は守らないにもかかわらず、自分の要求が通らないとクレームをつけてくるという、あまり筋のよくないタイプのクライアントを数件抱えていたのです。

それだけでも相当メンタルをやられそうな話ですが、上司に相談してもまともにとりあってもらえず、逆に「〇〇さんのやり方に問題があるんじゃないの？」と言われる始末。

そんな日々が続く中、彼女は社内で倒れて救急車で病院に担ぎこまれ、約1ヶ月の絶対安静を言い渡されてしまいました。

結果的に彼女はそのまま退職。体調とメンタルの回復を待ち、改めて仕事を探そうと私のもとにやってきたのです。

「本当に、いまになってみると、あのときは何をがんばっていたのかわかりません」

そんな彼女の言葉が印象的でした。

残念ながら、デジマ業界には、デジマへの理解が足りないクライアントや上長がまだまだ多く、デジマの経験が少しあるとその人に案件が集中し、しかも丸投げのため、周囲のデジマへの理解は進むことなく、案件があるとまた経験者に丸投げになるという悪循環によるブラックな部分があるのも事実です。

そのため、いまデジマ業界は、どの会社も人手不足で、血眼になって人を探している状況でもあります。

だから私は、つらい状況でがんばっている人には、こう伝えたいと思います。

「新しい会社を探す準備をしましょう。スキル経験が伸び、そして働き方もホワイトな会社も増えてきていますので」

忙しすぎる人は、ぜひ一回立ち止まって、自分自身、そして周囲を見てみてください。いたずらにがんばることが正しいことではないということに、気がついてほしいと思います。

明日から年収2倍になるキャリアアップ法があった

ここまで、デジマ業界が、深刻な人材不足に悩まされるほど脚光を浴びている業界であることをお話してきました。

その一方で、デジマ人材の年収は2極化していること、さらに、ブラックとしかいいようのない会社で働き、身体的、メンタル的に病んでしまう人が少なくない状況もお伝えしました。

これは、デジマ業界の光と影と言えます。そして光が強ければ強いほど、反対に闇は深くなっていきます。

あまりに深い闇の中にいると、人間は周囲が見えなくなってしまいます。

それは、場所を変えればもっと活躍できるはずのデジマ人材にとって、不幸としかいいようがありません。

もし「自分はいま闇の中にいるな」と感じることがあったら、ぜひ周囲を見回して、自分の価値を知り、それをさらに高めることを考えてほしいと思います。

その結果、年収が2倍になったということも十分にあります。

そのために有効な方法のひとつが、副業です。

「時間的にも精神的にも、副業をする余裕なんかない」という人も多いと思いますが、そのような人も、後述するクラウドワークスやランサーズなどのサイトを見てください。

自分のスキルで対応でき、しかも報酬面でも割のいい仕事があふれていることに気がつくと思います。

「これは！」と思う仕事があれば、ぜひ手を上げて、闇から抜け出す第一歩を踏み出してください。

それによって、本来の自分の価値に気がつくことができるはずです。

そして副業に取り組む中で、意識が少しずつ変化して、本格的に転職を考え始めるようになったら、悩みを相談できる相手、いわゆる「メンター」を見つけてください。

メンターは、客観的な視点を保ちながらも時には励まし、時には叱咤し、よりよい未来のためにアドバイスをしてくれます。

デジマ業界のメンターというと、まず浮かぶのは、デジマ専門の転職コンサルタントです。

業界の流れを熟知していて、相談者のポジションを的確に把握し、最善策を一緒に考え、多くの示唆をあたえてくれます。

さらに、よいコンサルタントのもとにはよい情報もたくさん入ってくるので、求職者にとっては、メンターのそばにいるだけで転職先の幅が広がっていきます。

「自分は闇の中にいる」と感じることがあったら、ぜひ人材コンサルタントのドアをノックしてみてください。

自分の望む働き方と年収増を実現できるキャリアアップ法がそこにあります。

仕事のミスで
また今日も罰金…

２章

どうしたらなれる？
「年収1000万円の
ハイレベルデジマ人材」

「年収1000万円」は決して高い壁ではない

女性が結婚相手の男性に求める条件として「年収1000万円」が、かつて話題になりました。女性の意識が「最低限、それくらいはないと」なのか「これだけあれば安心できそう」なのか、そのどちらなのか判断が難しいところです。

そのような結婚の条件とは関係なく「年収1000万円」というのはある種、基準値のような印象があるのは確かです。

では、デジマ人材の場合はどうでしょう？

先ほど「年収が2極化している」と説明しましたが、特に2極化の下位層の場合、1000万円の壁は超えることができるでしょうか？

「1000万円？　そんなの無理だよ。300万円ちょっとしかないんだから……」と諦めてしまいますか？

それはもったいないことです。

年収1000万円の壁を超えるのは、簡単なことではありませんが、決して不可能なことではないからです。

その方法はいろいろあります。

給料の高い会社に転職する、自営業を始めて単価の高い案件に取り組む、割のいい副業を始める……。

それぞれの詳細は次項以降にゆずりますが、ここでひとつお伝えしたいのが、いずれの場合であっても、年収1000万円の壁を超えるために有利になる条件があるということです。

それは「求められる人材」になることです。

よく「求められる人材」と言うと、コミュニケーション能力が高い、英語が話せるなど、特定の能力やスキルの話になりがちですが、ここで言う「求められる人材」とは、そのようなことではありません。

HR業界ではよく言われる「人材の型」という言葉があります。

これは、個人のスペシャリスト的な側面とゼネラリスト的な側面に着目し、その能力がどのようなバランスになっているのか、いくつかの型に分類するという手法です。

これによって、「求められる人材」になるために、自分に不足している要素は何かを知ることができるのです。

この「人材の型」で、代表的な4つの型について説明しましょう。

I型人材

特定の分野に深い知見を持つスペシャリスト。深く掘り下げていくイメージです。

ex. 高度なスキルを有するデータサイエンティスト

T型人材

ひとつの分野に関する専門的な知見があり、さらに広い視野・知識を有する、スペシャリストとゼネラリストの側面を兼ね備えた人材。横に伸びる1本の棒は、分野の広がりを意味しています。

ex. データサイエンティスト出身の管理職

π《パイ》型人材

T型人材が持っている専門的な知見は一分野であるのに対し、もうひとつスペシャリストとして通用する分野を持っている人材。いわゆるダブルメジャー。スケールがかなり大きくなりますが、投打ともに抜きん出た成果を上げ、チームメイトの信頼もあつい、ロサンゼルス・ドジャースの大谷翔平選手はまさに「超π型人材」と言えるでしょう。

ex.データサイエンティストのスキルをあわせ持つプログラマー

H型人材

深い専門的な知見を持ちながら、他のT型人材、I型人材と協業することで新たな価値を創造できる人材。

ex.データサイエンティストと協業し、新たなサービスを開発できるデジタルマーケター

以上の4分類が代表的な「人材の型」です。

かつて、価値観の多様化がうたわれ始めたころには、専門分野を持ちながら、幅広い知識も持っていたT型人材が求められていましたが、専門性が高度化し、ひとりの人間では対応が難しい今日、注目されているのは、非常に深い専門性のあるI型人材か、自らの知見と他人の能力をうまく活かすことができるH型人材だと言われており、つまりこの2つの型が「企業から求められる人材」ということです。

とは言うものの「自分にはとてもそんな専門的な知識なんてない」という方もいるでしょう。
そのような人は、デジマに関連しそうな分野で、何でもいいので始めてみることをおすすめします。

たとえば、マーケティングのセンスを養うためにＥＣを始めてみるという手があります。
ＣＭでごらんになった方もいらっしゃるかもしれませんが、難しいプログラムや凝ったデザイン力がなくても、簡単かつ手軽にＥＣを始められるサービスがいくつもあります。

あるいは、デジタルコミュニケーションのセンスを高めるためにＩｎｓｔａｇｒａｍやＴｉｋＴｏｋで情報を発信し、どのようにしたらフォロワーが増やせるのか、検証してみるのもいいでしょう。またライティングの方法を身につけるのであれば、最近はやりのｎｏｔｅで日記やコラムを書いて、多くのユーザーに見てもらい、評価してもらうことはとても有効です。

もしアート系のクリエイティブに関心があるなら、画像や映像編集にチャレンジして、センスアップを図ってみるのはいかがでしょう？　ＣＨＡＴ ＧＰＴを使ってロゴやイラストを作るのもよいでしょう。

そして、これらのいずれの場合でも、ある程度のスキルを獲得できたと感じたなら、実際に副業でプロとして活動を始めてみることです。
そこで得られた知見は、プロとして向上するために、必ず役に立つものになります。

いずれにせよ、何かしら動き出さなければ、スキルや知見は身につきません。

アピールできるような、自信のあるものがない場合、「年収１０００万円」に向けて足腰を鍛えていきましょう。

外資系企業には「年収1000万円人材」が大勢いる

「給料が高い会社」というと、まずイメージできるのが、何と言っても外資系企業ではないでしょうか。

外資系企業であれば、どこでも誰でも１０００万円以上の年収を手にできる……というわけではありませんが、ある程度の経験があるデジマ人材が外資系企業に転職した場合、１０００万円の壁を超えたという事例は数多くあります。


【例】日本企業で年収６００万円↓外資へ転職。当初は１０００万円、２年後には１５００万円（32歳男性）

日本ナンバーワンレベルの就活サービスを展開している会社で、広告営業を担当していた男性の例です。

営業成績は非常によく、またクライアントからの評判も上々だったこともあり、社内でも責任のあるポジションを任され、いわゆる将来を嘱望される人材でした。その彼が、仕事内容や職場については特に不満はなかったものの、唯一納得がいかなかったのが収入でした。

同業他者の知人と話をしてみると、自分とほぼ同じような業務、ポジションでも、自分より高額の給料をもらっているというケースが多かったのです。

そしてこの男性の会社は、能力主義といいながら年功序列的な賃金体系で、どんなにがんばっても給料が急上昇する印象がありませんでした。

そこで、私のところに相談に来たのです。

プロフィールを見ると、英語が話せることがわかったので、少し話を聞いてみると、ビジネスでもまったく問題がないレベル。

そこで、外資のＷＥＢサービス企業をご紹介したところ、見事に入社を果たしました。

純日本企業の前職からグローバルな外資への転職だったのですが、すぐに環境にもなれて能力を発揮。業務内容は前職と同じでしたが、評価軸に前職と大きな違いがあったこともあって、転職後２年で前職の倍以上と、給与の大幅アップを実現しました。

この男性の場合は広告営業という職種でしたが、データサイエンティストのような極めて専門性の高い職種になると、外資であれば35歳で１５００万円という例もあります。

そしてそれは例外的な数字ではなくごく当たり前のことなのです。

なぜこのようなことがあるかというと、外資は基本的に結果を重視する主義だからです。

転職の際、外資へ提出する書類には、日本でいう「履歴書」に相当するものはありません。性別や年令、学歴などは仕事には関係なく、結果を出せる実績があるかどうか、そこをまず判断されます。

ですから提出するのは、業務成績を記載した「レジュメ」と呼ばれる履歴書、経歴書を合わせたような1枚のシートです。

要は、転職に当たって最重視されるのは実績ということです。

給与に年功序列的な要素は加味されないので、能力は低いのになぜか給料は高いといういわゆる「働かないおじさん」問題は発生する余地がありません。

そのため、例で紹介した男性のように、能力がしっかりと給与に反映されるのです。

しかも外資系企業は、近年の円安を背景に、日本での求人が活発化しています。

採用する企業側から見れば、低コストでパフォーマンスの高い人材を確保でき、一方の日本人求職者にとっては高い年収を得るチャンスが拡大しているということで、ＷｉｎＷｉｎの関係にあるといってもいいでしょう。

ただし、外資系企業に入ろうとしたら、ビジネスレベルでの英語力は必須です。そして不思議なことに、外資で重視されるのは、まずは英語の能力です。

つまりデジマのスキルはあっても英語がほとんどできないという場合は、残念ながら入社は厳しいでしょう。

しかし、英語がビジネスレベルにできるデジマ経験者は、ほとんどいないというのが私の実感です。そこで、ぜひ外資の受験をおすすめしたいのが、英語が堪能なデジマ未経験者です。

最初は未経験なので高い給与は望めませんが、数年たって一人前のデジマ担当者になれれば、給与は日本企業に比べて非常に高くなっていると思います。

英語ができるデジマ人材はもちろん、英語に自信がある未経験者も、ぜひチャレンジしてください。

中小企業なのに「年収1000万円超え」のお宝求人

会社選びの際、多くの方は次のようなイメージを抱いているのではないでしょうか。

「大企業＝年収高い＝入りづらい」「中小企業＝年収低い＝入りやすい」

これは、あながち間違いではありませんが、この考え方にとらわれたまま転職先を選んでしまうと、後で後悔することになりかねません。

というのも、デジマ業界においては、中小企業に予想外のお宝求人が紛れていることが少なくないからです。

では、具体的にどのような求人があるのか、解説していきましょう。

1　大手に引き抜かれた人材のポジションを埋めるための求人

中小規模の広告会社やコンサル会社によく見られる求人のパターンです。

現在、優秀なデジマ人材は、まさに奪い合いです。エースないし準エース級の人材が、より上位の大手広告会社などに引き抜かれてしまうというケースが頻繁に発生しています。

そのままでは自社の案件受注に支障が出てしまうので、何をおいても、空いたポジションを埋めなければなりません。

そのために中小規模のデジマ企業は、多少、給料を上積みしてでも、人材を確保しようとするのです。

【例】29歳で年収1100万円の営業部長に

年商10億円ほどのインターネット専業広告会社で営業部長だった方が、業界大手に引き抜かれてしまいました。

当時、その広告会社は大規模な案件に取り掛かっていたところで、営業部長の不在は会社の命運を左右しかねない事態でした。

そこで「大至急、年齢性別を問わず、後釜となる人材を探してほしい」というご依頼をいただいて私が紹介したのが、中堅の同業他社で責任者をしていた29歳の方でした。

提示された年収は1100万円。同年代の、大手広告会社の社員よりも高給だと思います。29歳という年齢は営業部長というポジションには少し若いかなとも思ったのですが、非常に優秀な方だったのですんなりと話がまとまりました。

2　本来の価値よりも低い報酬で雇われている人材をヘッドハント

高度な専門性を生かして大きな貢献をしているにも関わらず、相場よりも安い給料で雇われている人材は少なくありません。

「日本企業はデータの価値を理解していない」とよく言われますが、特に、システム部門やマーケティング、営業部門でデータ収集や分析に携わっているデータマーケティング職種の方の評価が低いような気がします。

【例】大手企業で年収４８０万円のデータマーケティング担当者が転職して年収８００万円に

大手スーパーのシステム部で、データ分析を担当していた方の例です。彼は売上のＰＯＳデータをもとに、購買層、購入商品、売れ筋商品などを天気とかけあわせて分析し、クロスセル、アップセル施策のためのレポート作成を行っていました。

本来、その企業の規模感からすれば「データサイエンティスト」と呼んでも差し支えない業務内容でしたが、35歳にして年収４８０万円。分析も、会社には専用のツールがなかったので、かつてはエクセルでマクロを組んで……という方法だったのですが、彼は、独自に創意工夫をこらし、

ＳＱＬでデータベースを構築、Ｐｙｔｈｏｎでコードを書いてデータ分析をしていましました。
しかし、彼の日々の努力もむなしく、その分析が活用される機会は、なかなかありません。彼が作成したレポートは毎週の会議の題材になるだけで、データ分析の目的が、実効性のないレポート作成になっているような状況でした。

彼としては、せっかくの分析結果を経営やマーケティングに生かしたいという思いが強く、自分の仕事が日の目を見る環境を探そうと、私のもとへやってきたのです。彼は向上心も強く、優秀なデータマーケターがいる環境でスキルアップしたいという強い希望もありました。

そこで私が、日本で最大級のデータ分析を行っている調査会社を紹介したところ、双方の条件が一致して、転職が成功。年収は８００万円＋ボーナスということで、前職から倍増という結果になりました。

３　株式公開準備を進めている中での求人

中小のデジマ企業には、上場準備を進めている企業が少なくありません。またそのような企業は、ストックオプションを社員に付与することもよくあります。
この場合、転職することで年収が１０００万円になるわけではありませんが、会社の業績次第では株価が大きく値上がりし、３年後には数千万円を手にできる可能性もあります。年収はそれほど上がらなくても、数年間その会社でスキル向上に努め、頃合いを見てストックオプションを行使したら、年収アップに向けた転職活動を始めるという方法もあるでしょう。

【例】広告運用を手がける26歳の女性が転職先で1000万円近くを償還

比較サイトを手掛ける企業で、ひたすら広告運用を続けていた26歳の女性がいました。広告運用なので、基本的に指示されたことを着実に進めるのが業務だったこともあり、年収は約300万円です。

転職などは考えたことがなかったのですが、会社の業績が芳しくなく、経営危機に陥りそうということで、私のもとを訪ねてきました。

ちょうど、同様の人材を探しているスタートアップがあり、年収はほぼ変わらないものの株式の公開準備中で、しかもストックオプションが付与されるという好条件でした。

彼女はほどなく会社を移り、転職先は無事上場。ストック・オプションも付与されました。公開後、3年間は行使できないという点はありますが、それでも権利行使をすれば1000万円近くはいくだろうということでした。

いかがでしょうか。

実はこのような、中小企業のお宝求人はほかにもたくさんあります。

ただ、転職サイトのように表には出てこないので、一般には知られていないだけです。

それはそうでしょう、「営業部長が引き抜かれたので、年齢性別不問で大至急人材を募集します」とは公にはいえません。

ですから、このようなお宝求人を扱えるのは、信頼のあついエージェントくらいなのです。

中小企業の採用はほとんどの場合は学歴不問、転職回数も不問なケースが多いです。

ですから大手企業への転職では書類を出したものの面接に行けなかったという方でも十分にチャンスがあります。

年収アップを考えるのであれば、入るのが難しい大手企業を狙うだけでなく、エージェントに依頼することで、このようなお宝求人にもチャレンジしてみてはいかがでしょうか。

個人事業主で月商１５０万円を目指せる働き方

コロナ禍でのリモートワークを契機に、副業を始めた方も多いと思います。

中には、単なる小遣い稼ぎのつもりで始めてみたら案外楽しく、これならもっと副業で稼いでみたいという方もいるでしょう。

そのようなときにおすすめしたいのが、デジマ関連の仕事を副業で受注することです。

デジマ人材が不足しているということは何度となくお伝えしていますが、それを裏返せば、仕事が非常にたくさんあって、それを処理する人が足りなすぎるということです。

このような状況なので、条件のいい仕事を選べば、高収入がのぞめます。

そこでここでは、デジマ人材が、個人で月商１５０万円を達成するために副業で稼ぐ方法と、その発展形として、自分のスキルを活かして独立する方法を、例を交えながら説明していきましょう。

まず副業としておすすめなのが、ランサーズやクラウドワークスなどのような、副業案件をマッチングしてくれるサービスを活用することです。そこに登録すると、広告運用、ウェブ制作、ＳＥＯ対策など、非常にたくさんのデジマ周りの案件を見つけることができます。

それらの中から条件のいいものをいくつか受け、業務時間外や週末に仕事をすることで、本業と合わせて月商１００万円を達成するのは不可能ではありません。

かつては、知人からの紹介で副業を受けるという方法が主流でしたが、この場合、どうしても「待ちの仕事」になってしまいます。それよりも、自分から能動的に仕事を探していったほうが、後の可能性が広がるでしょう。

【例】本業で約40万円、副業で60万円。合わせて月100万円オーバーを達成

私の知り合いに、金融系のベンチャーで、マーケ部門のマネージャーをしている男性がいます。年収は約400万円超ですが、本業が完全にリモートワークとなり自由な時間が取れるようになったので、ランサーズで見つけた、ウェブマーケティングのコンサルタントを副業として始めました。最初は月10万円くらいの売上でしたが、本業がマネジメント職ということもあって、やがてその会社の若手の育成も任されるようになり、さらにウェブ制作のディレクションもできるということで、サイトリニューアル案件も受注。結果、副業での収入が60万円を超え、月収100万円を超えるまでになりました。

彼の場合、受注した案件は時間の都合をつけてすべて自分でこなしていますが、案件によっては、自分で手を動かすことなく、実務は他に回せるものもあります。

このように、自分が実務をする案件、外注に出す案件と振り分けることで、月商150万円を超えることも射程に入ってくるでしょう。

そして、本業と副業でスキルと知見を身に着けたら、完全に独立して個人事業主になることも視野に入ってきます。

この場合、月商150万円を超えるためのポイントが2つあります。

まず一つめが、案件の内容です。単純なデータ入力作業などコストセンターといわれるような、利益を生まない作業業務の代行であれば、どうしても発注する側の単価は低くなってしまう傾向があります。どこに頼んでも同じ、といった仕事なら、なるべく安くやって欲しいというのが発注側の発想としてはあるからです。一方プロフィットセンターという利益を生むような案件は、単価は上がっていく傾向があります。例えば、ECの運用やSEO対策など、結果、その発注側の企業にダイレクトに売り上げが上がっていくような案件の場合です。今後単価が上がりそうな案件かそうではない案件か、を見極めながら仕事を受けることが大切です。

もう一つが、自身がすべて手を動かすのではなく、同じような手を動かせる仲間を探すということです。

副業なので、自分の作業時間には限界があります。あなたが超モテモテのAIエンジニアやデータサイエンティストであれば少しの時間でも大きく稼げるかもわかりませんが、現実は異なると思います。

そのためには、自分が発注者となり、手を動かせる信頼できる仲間に案件を依頼し、売上を上げていく方法が月商150万円への近道といえるでしょう。

そのとき大切なのは、その仲間（個人）が信頼できるかどうかです。

一度でも案件に事故が起こったりすると、今後の発注は厳しくなると思いますから、信頼できる仲間（個人）を見つけていくのかが重要です。そのためには小さな案件や自分でもできそうな案件をあえて別の方にお願いしつつ、互いに信頼を積み重ねていき、きちんと仕事を全うできる相手かどうかを見極めることが必要です。

そういった個人を束ねていくことが、副業の売上を大きくしていく一つのポイントです。

【例】週4勤務の業務委託で月収150万円

通算約15年ほど業界最大手級の2社に、勤務していたデジマのスペシャリストがいます。ある企業で、デジマ案件の問い合わせが増えすぎてまったく対応が追いつかず、大型案件も泣く泣く断らざるを得ない状況だったときに、白羽の矢が立ったのが、そのスペシャリストでした。

依頼を受けて彼の出した条件が、週4回の勤務で月150万円の報酬。

一般的な相場感からすると、かなり高額な報酬ですが、案件の規模を考えれば発注者は十分な利益を確保でき、またその案件が修了すれば業務委託契約を解除すればいいだけなので、発注者側にデメリットはないのです。

ちなみに、そのスペシャリストの仕事ぶりは見事の一言で、評判が評判を呼び、今度は彼が受注をさばききれず、嬉しい悲鳴をあげるまでになっています。

そこで彼は、今度は自分が知り合いのスペシャリストに仕事を発注。それによって受注件数を増やすことができて、さらに売り上げが伸びているようです。先ほど述べた、案件の見極めと、仲間への発注が功を奏した事例です。

このように、デジマで始める副業、個人事業には大きな可能性があります。

月商１５０万円は、すぐそこにあるかもしれませんよ!?

「残業なしの高収入企業×副業」で自由が手に入る

「給料が高くて残業なし。しかも副業ＯＫ。そんな会社で働きたいです！」

新卒の就活生にそんなことを言われたら、きっと、「そんな都合のいい会社、あるわけないだろう！　甘えたことを言うな！」と一喝したくなりますよね。

無理もありません。

高い給料がほしければ、馬車馬のように毎日ヘトヘトになるまで働くこと。副業をする余裕などあるはずもない。

それが日本の、いわゆる高給サラリーマンの標準的な姿だからです。

しかし、デジマ業界にはその常識を覆し、安定と高収入、そして自由な時間が手に入る、まさに新卒就活生の希望通りの会社があります。

私のもとに相談に来られた方の例をご紹介しましょう。

【例】転職後、本業＋副業で年収は維持しながら、健康と自由な時間を獲得

大手広告会社で、営業の責任者をしていた40代の男性の場合です。会社の業績、営業チームの成績はともに好調で、年収も１０００万円オーバー。傍目には順風満帆に思えるのですが、実際には大変な苦労と重圧の毎日を送っていたのです。

10名ほどのチームメンバーのマネジメント、営業フォローは当然のこと、さらに自分自身でも営業活動をするプレイングマネージャーだったので、日中は得意先まわりで、夕方帰社してから社内ミーティングや雑務。本来のマネージメント業務にかかれるのは夜になってからというスケジュールで、いくら時間があっても足りません。

朝7時半には出社して、終電で帰宅。週末も自宅で仕事に追われ、過労とストレスで体はボロボロ。当然、家庭の雰囲気も最悪。

しかもコロナ禍でも毎日の出社を強いられる有様で
「もう、限界です……」

疲れ切った表情で私の元に来られたその方は、ポツリとこぼしました。

そこで私が紹介したのが、小規模ではあるものの業界内の評価が高い、デジマのコンサル会社です。

年収は700万円弱と3割ほどダウンしますが、リモートワークが前提で、基本的に残業はなし。前職に比べ数倍、いや数十倍も自由な時間が増えます。しかも副業OKだったので、その気になれば別の仕事で減収分を補うこともできます。

その方は会社のネームバリューが落ちることを気にされていましたが、健康第一ということで転職を決意。結果、リモートワークで効率的に仕事が進むこともあって日々時間に余裕が生まれました。

そこで前職で付き合いのあった会社から、副業としてデジマコンサルの仕事を受注。月40時間ほどの仕事で毎月20万円の副収入を得られるようになり、結果的に年収はほぼ維持できています。

「年収もですが、時間の余裕ができたことが一番大きいです。体もメンタルもすっかり元通りだし、家庭の雰囲気もよくなりました」

久しぶりにお会いしたとき、その方は満足げに、そう話してくれました。

給料が高くて残業なし。しかも副業ＯＫ。

そんな夢のような会社も、探せば見つかるものです。

今の会社では、そろそろ限界だな……。そう感じたときは、ぜひ私どものような人材エージェントを訪ねてみてください。

きっと、よりよい未来が見つかることでしょう。

アクセンチュア、リクルート、電通などの大手企業で働く醍醐味とは？

私は人材コンサルタントとして、中小企業、大企業問わず、相談者の希望に合った会社を紹介しています。

そのとき、誰もが知っているような大企業の名前をあげると、喜ばれると思いきや、「そんな有名な会社、自分の学歴では無理ですよ」

困惑気味の顔で、そう話す相談者の方がいらっしゃいます。

それは大きな勘違いです。

就職で学歴が判断材料になるのは、新卒時の話だからです。

大手企業がいわゆる有名大学の学生を採用するのは、仕事経験のない学生の実務能力は未知数なので、「有名大学に入るための努力をできること」を評価していることが多くあるからです。

一方、中途採用で問われるのは、明確に仕事での成果です。だからこそ、転職の際にまず確認されるポイントは「仕事としてどのような成果が出せそうか」ということなのです。

冒頭で紹介したように、大企業への転職というと、戸惑う方が少なからずいます。

しかし個人的な感想で言えば、一度、大企業で仕事をしてみるのは、その人のキャリアにとってプラスになることが多いのではないかと思っています。

大企業のメリットとして、福利厚生がしっかりしている、安定しているなど、仕事以外の文脈で語られることも多いですが、それだけではなく、大企業での仕事を通じて得るものは、とても大きいと思っています。

思いつくままにあげてみましょう。

1　大きな仕事ができる

基本的に、大企業が仕事を発注するのは大企業です。理由は簡単で、大きな仕事は大企業でなければできないことが多いからです。

例えば、予算が2、300万円くらいの地域のお祭りであれば、中小のイベント会社で十分仕切れるでしょうが、数億円をかけた大規模なイベントは、おそらくそのようなイベント会社に任せることはできないでしょう。

これはイベントに限った話ではありません。

巨額なお金を使って、多くの人やモノを動かし、世の中にインパクトを与えるような、いわゆる「大きな仕事」をなしとげるノウハウは、仕事の大きさに見合う規模感がある大企業しか持っていないのです。

2 いわゆる「箔」がつく

1と関連しますが、大きな仕事をやりきった達成感は、たとえ自分が関わったのはほんの一部であったとしても、格別なものがあり、また自信にもなります。

さらに転職の際には、その仕事に関わったことが実績になり、「箔」がつきます。

「初めてセパ交流戦が開催されたときのホームページをつくったのは私です」

「全国の郵便局にポケモンポストを設置したのは私のチームです」

など、誰でもわかる仕事をしたことは、貴重なキャリアとなります。そしてそのような仕事ができるのは、大企業です。

3 「できないこと」が減る

大きな仕事をした経験をもとに小さな仕事をすることはできますが、その逆に、小さな仕事の経験があっても、大きな仕事をすることはなかなか難しい場合があるのは、ご想像の通りです。

例えば、DIYで器用にログハウスをつくれる人が、本格的な木造の一軒家を建てられるかといえば、おそらく無理でしょう。使う材料や基本的な構造は同じであっても、スケール感がまったく異なるからですそれと同じことです。

誤解しないでいただきたいのですが、私は、小さな仕事はレベルが低いと言っているわけではありません。小さな仕事をコツコツと続けていくのも、素晴らしい働き方だと思います。

ただ、大きな仕事の経験があれば、自分の守備範囲が広がることは事実です。

私は大企業に行くことがすべて正しいことだとは思っていません。大企業には大企業なりの問題点も多々あり、大企業で働き続けることが必ずしも本人の幸せにつながるとは限らないからです。

それでも、キャリアを積んでいく中で、一度は大企業で働き、そこからの景色を見てみることは意義のあることだと思います。今後どのような働き方をするにせよ、その経験は生きてくるはずだからです。

高いビルから街を見下ろすと、地面を歩いていては気づかなかった、新しい発見があります。大企業で働くということは、それと似た感覚です。

大企業で働くチャンスは、新卒時とは違い、誰の前にも広がっています。

ぜひ、より多くの方にチャレンジしてほしいと思います。

稼げても身体を壊したら収入も幸せも半減する

仕事をする中で、私が何よりも大切にしているのが「ウェルビーイング」の考えです。最近注目されている「ウェルビーイング」の定義にはいろいろあると思いますが、私は「心身の健康」だと考えていて、会社が提供するバリューとして、弊社のウェブサイト（https://w3hr.jp/vision/）にも掲げています。

そしてバリューを見てください。

ウェルビーイングはマスト条件
健康なくして良い仕事は長続きしない。
私たちは、フィジカルとメンタルの両輪がしっかりと地についた仕事を、世の中の当たり前にしていく。会社は自分を幸せにする一つのツールである。

私は、会社を立ち上げるまでのサラリーマン時代に、心身を病んで退職せざるをえなくなった同僚を何人も見てきました。その結果、人生設計が大きく狂ってしまった人もたくさんいます。

また、一度健康を害すると、元に戻すためには長い時間がかかります。それどころか、元の生活には戻れなくなってしまう方もいます。

「体が資本」とよく言われますが、まさにその通りです。
健康であることは、よい仕事をするための大前提です。

私のもとに転職の相談に来る方のうち、3割くらいは体やメンタルを壊しそう、あるいは壊してしまったという方がいます。そして1割くらいの方には、それまでの勤務状況に空白期間があります。それは、体やメンタルを壊して休職していた期間です。

そのような方の多くは、しばらく会社を休んで、調子がよくなってきたので復職したものの、元の健康な状態には戻っておらず、さらに会社の環境は相変わらず。

そのためまた体調を崩しそうになり、なんとかしようと相談にやってきます。

そこで私が、このような方にまずおすすめするのが、収入がやや減ったとしても、残業の少ない会社やリモート重視企業など、働きやすい環境のある会社です。

収入をキープしたいという気持ちはわかりますが、一時の収入減を避けるために、いま以上に心身に無理をさせるのは禁物。

本当に取り替えしのつかないことになってしまいます。

ところが、中には復職と休職を繰り返しそうな自分に焦りがあるのか、怪しげな求人に気を引かれがちなのです。

例えば「20代、経験不問、残業なし、年収1000万円以上」などという好条件の求人の場合、人材紹介のプロである私からすれば「うさんくさい会社」以外の何者でもありません。

表向きは好条件で応募者を集め、内実はひどいブラックな環境で、社員をどんどん使い捨てていく様子が目に浮かびます。

私が大切に思っている「ウェルビーイング」すなわち「心身の健康」は、多少お金がなくても実現できます。

価値観は人それぞれだと思いますが、自分にとっての「ウェルビーイング」とは何か、会社を探すときにはよく考えていただきたいと思います。

「肩書」は先に求めるな。後からついてくる

大企業で管理職をつとめた方の中には、たまに、定年退職後も管理職時代のプライドを捨てきれない方がいらっしゃいます。

会社とは無関係な、近所の人と話をする際にも「自分は○○会社の本部長だ」といわんばかりの態度をとり、結果、周囲から浮いた存在となってしまいます。

なんだか、寂しい話ですよね。

「肩書」とは、人格を構成するひとつの大切な要素ではありますが、そこにこだわりすぎるのもどうかと思います。

たまに「前職では課長だったから、今度も『課長』か、あわよくば『部長』、最低でも『マネージャー』という肩書でなければ嫌だ」という相談者がいますが、転職時には、肩書に拘泥して会社選びをすると、いい結果にはならないことが多いように思います。

そのような肩書での募集の場合、往々にして、入社後のプレッシャーが厳しいからです。

まず経営層からは、当然、最低でも前任者と同様の成果を出すことが求められます。特に重要な部署であればあるほど、その期待は強くなり、無言の重圧がのしかかってきます。

一方、部下となる社員たちからは、一挙手一投足に注目されます。特に前任者が優秀で人望も厚かった場合など、部下への対応を間違えると、信頼関係を構築するのは非常に難しくなるでしょう。

20代、30代前半という若い年代で、マネジメント職として転職する場合は、特に注意が必要です。部下が同世代、あるいは歳上だった場合、「なんでこの人が?」と、どうしても厳しい視線で見られがちです。

このような衆人環視のもとでハイレベルなパフォーマンスを出していくのは、メンタル的に相当にタフなことです。よりよい環境とポジションを求めて会社を移ったのに、プレッシャーに押しつぶされてしまうという結果になりかねません。

どうしても「自分は現状以下の肩書では転職したくない」という強い信念(?)とタフなメンタルがある方以外は、会社を移る際には、肩書やポジションはいったんリセットして1プレーヤーとしてスタートし、そこでの実績をもって肩書を獲得していくほうがベターだと、私は思います。

そもそもそのほうが、入社を検討できる企業の数も多く、また入社後も心身の健康状態を良好に保たれるでしょう。

また、肩書やポジションだけでなく、安定感や自尊心を満たすために「会社の規模や知名度」にこだわるのも、得策ではありません。

前述したように、知名度も規模もある大企業には、ほかでは得られない〝仕事の醍醐味〟があるのは事実です。ただ、大企業であればすべて正しいというわけでもないのも事実です。

次に紹介するのは、業界そのものをチェンジした例ですが、超有名企業から無名企業への勇気ある転職という点に注目してください。

【例】大企業からベンチャーへの転職で大きなキャリアアップを実現

当時、27歳だった相談者がいました。大手旅行会社で働く〝足で稼ぐ〟旧来型の営業マンでしたが、持ち前のガッツで成果も出し、社内評価も上々。しかし、彼には不安がありました。

当時から、旅行商品は、楽天トラベルや一休のようなデジタル化が進み、アナログ営業が時代遅れになりつつあることを、ひしひしと感じていたのです。

その状況に彼は危機感をいだきましたが、上司と話をしても「10年は営業を続けないと身にならないぞ」「大手だから、何かあっても助けてもらえる」という有様で、会社の動きは鈍いまま。

そこで彼は、アナログな旅行会社から、ベンチャーのデジマ企業への転職を決意しました。「そんなところに行って大丈夫か？」と上司から心配されたり、名のある大企業からまったくの無名会社への転職ということで周囲から白い目で見られたり……。

しかし彼の決意とやる気は固く、転職先では自己啓発や未経験の業界の勉強に打ち込み、必死で営業活動を進めたところ、転職1年後には営業成績がトップに。かつ、新しいデジマの取り組み事例ということで、雑誌に登場したり、セミナーに登壇したりと、彼の個人名がメディアに出るようにもなりました。

そしていま、32歳になった彼は、すっかり大きくなったデジマ会社でマネジメント職につき、日々、セミナーに登壇するなど、知名度にすっかり高まり、次のステップは自分で好きなように選べる状態です。

高いポジションや会社の知名度を重視した会社選びが、まったく間違っているということはありません。

しかし、〝保身〟や〝プライド〟のために、肩書や会社の知名度にこだわっているのであれば、〝自分の成長〟という視点で会社を選んでみてもよいのではないかと思います。

何が自分にとっての幸福なのか。

ぜひよく考えて会社を選んでください。

昼夜も土日も連勤すぎて
転職活動するヒマない

3章

成功者が続々！
夢の転職がかなう
「デジキャリメソッド」
5ステップ

あなたが叶えたいのは年収アップだけですか？

「年収1500万円くらい欲しくて、転職を考えているんです」

そのような〝年収アップありき〟の相談者が多く訪ねてこられます。

年収アップを希望されるのは、当然のことです。

年収が増えれば経済的な余裕ができ、生活も豊かになるでしょう。

しかし、もし転職先での仕事が自分に合わなかったり、休みを取れなかったりしたら、どうでしょうか？　年収アップを実現したとしても、果たしてこの転職は成功だったと言えるでしょうか？

私は、転職の相談に来られた方には、必ず次の質問をします。

「あなたが人生で一番大切にしたいことや、やりたいことは何ですか？」

すると、大抵の方が面食らったような表情を浮かべます。会社を紹介してもらえると思って来たのに、いったい何が始まったんだと思われるのでしょう。

しかし、この「人生で一番大切にしたいこと、やりたいこと」は、転職先だけでなく、職業選択の際にも、最も重視するべきことだと、私は思っています。

ここで、少し私の話をさせてください。

私は大学在学中の4年間、アルバイトをしながら、学費も生活費も自分で稼いでいました。大学1年生のときに父が病に倒れ、実家からの金銭的な支援がなくなってしまったからです。

家庭教師や、教材の飛び込み営業をのべ1000件以上こなすなど、学生ながら、社員も含めた総合成績で3年連続「トップ営業」として表彰されたこともあります。

そこまで頑張れたのは、実家からの仕送りがなくなり、自分の力で生きていかなければならないとなったときに、お金の大切さを身にしみてわかったからです。

だから社会に出たら、できるだけお金を稼げる仕事をしようと決意したのです。

その後社会人になり、よりよい条件を求めて何度か転職を経験。そして30代半ばにはある超大企業のグループ会社で営業部門の部長となり、１５００万円ほどの年収を達成したのです。

ですが私は、ここに来て、「これが自分の求めていた生活だったのだろうか？」と自問を繰り返すことになりました。

当時の上司は非常に厳しく、まさに〝数字の鬼〟。

とにかく営業成績を伸ばすことを強く求められ、私もそれを達成するために部下の尻をたたきまくり、毎日の深夜残業は当たり前。

月曜日から金曜日まで、誰よりも早く出社して、一番最後に退社するという状況でした。それでも仕事が終わらなければ、帰宅する時間がもったいないのでファミレスで朝まで仕事をして、そのまま出社するということも。

平日がそのような状態なので土曜日は疲れ果てて、ひたすら寝て過ごす。

日曜日は、毎週月曜日に開催される定例会議用の資料を作成し、完成したら上司に送ってチェックを受け、ささいなことで散々怒られる……。

そんな日々を過ごしていました。

家庭を顧みることは一切なく、というよりも、家庭のことは頭からすっぽりと抜け落ち、考えるのは仕事のことだけ。

家のことにまったく関心を持たない私に対してキレまくる妻の声を背に自室にこもり、ひたすら仕事に集中していました。

そんなある日曜日、いつものように上司の文句を聞きながら資料の修正をしているときに、ふと「自分は何をこんなにがんばっているんだろう?」という思いがわいてきたのです。

24時間365日、ひたすら仕事をし続けた結果、確かに年収は1500万円オーバー。使う暇がないので貯金もできました。

しかし、その結果家庭は崩壊。付き合う友人もいなくなり、自分の仲間は誰もいなくなっていることに気がついたのです。

――これは、自分が本当に望んでいた生活ではないのではないか?

穏やかに過ごせる家庭があって、気のおけない友人がいて、仕事を忘れて幸せな土日を過ごせる。自分が望んでいたのは、本当はそのような生活だったのではないかという思いが、急に頭をよぎったのです。

実はそのころ、原因不明の体調不良が続いていました。

もう身体もメンタルも限界に来ていて、自分自身がＳＯＳを出したのでしょう。

そこで私は大きく方向変換することを決意しました。

というよりむしろ、本来の自分を取り戻すことにしたというのが正しいかもしれません。

私はほどなく年収１５００万円の会社を去りました。

そして、かつての自分と同じような、日々の生活に幸福感を感じられない人の力になろうと、ウィンスリーを立ち上げたのです。

年収アップを一番の目標にする相談者に対し、私が冒頭の質問をするのは、このような経験があるからです。

私たちが働くのは「生活するのに必要なお金を稼ぐため」というのが大きな理由です。

しかしお金を稼ぐのは、健康な身体とメンタルを保ちながら、本当に自分が一番大切にしたいこと、やりたいことに使うためです。

家族と幸せで楽しい時間を過ごしたい、友人を大切にしたい、自分の夢を追いかけたい……。

大切にしたいこと、やりたいことは、人それぞれ違います。


では、自分が本当に望むものは何なのか。

その答えが、自分自身の〝軸〟です。


転職を考えるときには、ぜひその〝軸〟をしっかりと持ってください。

軸がぶれていると、たとえ年収がアップしても、真の満足感や幸福感を得ることはできません。

自分にとっての真の希望を実現するために、転職する。そしてその結果、年収もアップする。

私は、そのような転職を実現してほしいと心から願い、そのためのお手伝いをしているのです。

「仕事&プライベート」の満足度が高い人は「人生の幸福度」が高い

人は、人生の最期が近づいてきたとき、いったい何を思うのでしょうか。

ある調査によれば、70代、80代の方が後悔していることとして「やりたいことに挑戦しなかったこと」「家族を大切にしなかったこと」「友人と疎遠になってしまったこと」などがあるそうです。

ベッドの上で寝たきりになり、自由に動けなくなってから「あれをやっておけばよかった、これもしておきたかった」と後悔することは、できるだけ少なくしたいですよね。

そのために大切なことが、前の項目でお話したように「自分が一番大切にしたいこと、やりたいこと」を明確な軸にした仕事選びです。

「お金がなければまともな老後を迎えられるはすがない。そのためにも、働けるうちは仕事が第一だ」という方もいるでしょう。

その考え方にも、もちろん一理あります。

実際、老後に後悔することとして「もっと働いておけばよかった」という回答も上位になっているくらいです。

ただ、それも程度の問題です。

体を壊しかけたり、メンタルをやられそうになるまで働き続ければ、確かにお金はたまるでしょう。世間でよく言われる「老後資金の不安」とは無縁かもしれません。

しかし、体が思うように動かなくなったり、自分では出かけるのが難しくなったりと、生きていく喜びや楽しさが少しずつ減っていく中で、「やりたいこともせずに働き続けてきてよかった。お金もあるし何の心配もない」と、満足して人生の残りの時間をすごせるでしょうか。

もちろんこれは、老後だけの話ではありません。

かつての私のように、たとえ30代半ばくらいの若さであっても、人生の目的を見失うまで働き続けていたら、いずれ燃え尽き症候群になってしまいます。

それは、確かにお金はあるものの、幸福な人生とはほど遠い生き方でしょう。

だからといって、働くことを軽んじて、過度にプライベートを重視することも、当然ですが間違っています。

人間が働くのは、対価としての収入を得るためだけではありません。

働くことを通じて社会に参加し、自分の存在意義を確認することも、幸せな人生を送るために必要不可欠です。

要は、仕事とプライベートのバランスの問題です。

私たちの日常は「睡眠」「仕事」そして「プライベート」と、大きく3つの時間に分けられます。

健康のために、睡眠時間は十分確保しなければなりません。

そうすると、仕事とプライベートの時間をどのようにバランスを取るかということになりますが、ここで2つの考え方があります。

ひとつは、仕事はあくまでも仕事であり、そこには、あまり「充実」や「楽しさ」を求めないという考え方です。

この場合は、できるだけ仕事の時間を減らすべきです。

そして残りの時間は、余暇や趣味にあてるだけではなく、自分の好きな仕事で副業をするというのもいいと思います。

そしてもうひとつは、本業そのものを楽しいものに変えること。

「楽しいもの」というのは、必ずしも趣味や遊びの要素があるものという意味ではありません。

自分の才能や特技を存分に活かせ、充実感、満足感を得られる仕事と考えてください。

「そんなうまい話があるのか?」と思われるかもしれませんが、そのような働きかたを実践している知人の例を紹介しましょう。

【例】 趣味でアップしていたサーフィン動画が仕事につながる

ある大手広告会社で、クリエイティブ部門のマネージャーとして働いていた方がいます。仕事は忙しく毎日残業続きでしたが、あるとき「自分が本当にやりたいことをやろう」と決意。念願だったハワイ移住を実現しました。

とはいうものの、現地での仕事のあてはなく「観光ガイドでもやるか」と思いながら、趣味のサーフィン動画を撮り、アップし続けていました。

趣味の動画といっても、そもそもプロの広告クリエイターなので、撮影内容がサーフィンであろうと別のものであろうと、そのクオリティの高さは第一級です。

するとその動画を見たという企業から仕事の依頼が次々と舞い込み、いつの間にか、ハワイ関連のクリエイティブの仕事が本業になっていたのです。

そして数年後に帰国。現在では海の近くに住んで日々サーフィンを楽しみながら、クリエイティブの会社を経営しています。

「その人は才能があったからうまくいっただけだ」と思われるかもしれません。

確かにその側面は否定できませんが、誰もがSNSで自分のコンテンツを発信できる今、それが誰かの目に触れて仕事になる可能性はいくらでもあります。

仕事で培ったスキルがプライベートの充実につながり、それがまた仕事を呼んでくる。これこそまさに「幸福な人生」の完成形ではないでしょうか。

断言しましょう。

高い年収を実現するためだけのつらい仕事はラットレースです。
そこには、真の勝者は誰もいません。
自分が本当に幸福になれる仕事を見つけた人が、真の勝者です。
私はひとりでも多くの人がそのような勝者になれることを願っています。

「年収2倍×幸福度120%」が叶う「デジキャリ・メソッド」とは？

ここまでお読みいただいた方には、仕事を選ぶ際には、自分が本当に大切にしたいものを軸にすることの大切さをおわかりいただけたのではないかと思います。

そして、その大切にしたい軸は人によってさまざまです。

「仕事はほどほどでいいので、週末は家族とゆっくり過ごしたい」

「どんどん新しいチャレンジをしていきたい」

「いまのスキルをきわめ、さらにステップアップを目指したい」などなど。

読者の皆さんの軸は、どのようなものでしょうか？


さて、私は今まで、デジマの人材市場で５０００人以上の転職志望者に会い、希望の会社に入社するためのようお手伝いをしてきました。

皆さん、デジマという先端的な職業を選択されているだけあり、本当に価値観はひとそれぞれ、千差万別です。


しかし私には、どのような価値観をお持ちの方の場合でも、満足のいくキャリア形成の支援ができる自信があります。

それは私には、長年の経験から生み出した、デジマ人材の理想のキャリアを実現するための「デジキャリメソッド」があるからです。

このメソッドの根本にあるのは、
「自分の個性を出して、磨いて、それが評価される社会をつくる」

このパーパスをもとにつくりあげた、具体的な5つの方法がデジキャリメソッドです。

相談者には、このメソッドに従って、自分の考えをまとめてもらったり、あるいは必要なことを実践してもらいます。

すると自然と、希望の会社から声をかけられる存在になっていきます。

先ほど、デジマ人材の価値観は多様だとお話ししましたが、その価値観がどのようなものかにかかわらず、メソッドの方法論は必ず通用します。

それはこのメソッドが、対処療法的な小手先の方法ではなく、キャリア形成にとって重要かつ本質的な事柄に対応するものだからです。

デジキャリメソッドでは、まず「幸福な自分」を描くことから始めます。そこで自分が本当に実現したいことを再認識します。

次に、幸福な自分を実現するための具体策を検討しますが、ここで重要なのが「いまやりたいことが将来にわたって継続するとは限らない」ことを前提にするということです。そして、キャリア形成の大前提となる「自分の市場価値」を確認します。ここはすべてのスタートなので、慎重に丁寧に進めます。

さらに、成長のカギとなる「個人事業主になる覚悟」を身に着けてもらいます。実際に個人事業主にはならなくても、その覚悟と考え方は視野を広げてくれるからです。

そして、すべてのプロセスにおいて重要な役割を果たす、メンターとの関わり方を紹介します。

これが、デジ人材が幸福なキャリア形成を実現するための「デジキャリメソッド」です。

では具体的にどのようにメソッドを展開していくのか、次から紹介していきましょう。

デジキャリメソッド①
転職は「幸福な自分像」を描くことから始める

具体的に転職活動を進めていく際には、本当に自分がやりたいこと、一番大切にしたいことは何なのかを知ることに加え、もう一歩踏み込んだ作業が必要になります。

それは、将来の自分がどうなっているか、どうなっていたいかを考えるということです。

ファイナンシャルプランナーに将来のお金の相談をするときには、「ライフプランニングシート」というものをつくります。

これは「○歳で子どもができる」「○歳で家を買う」「○歳で子どもが高校に入学する」……など、

数年~数十年後に発生するライフイベントとそれに必要となる費用を計算し、それを準備するために必要なことを書き込んでいくのです。

実際にその通りになることはほとんどありませんが、お金に対する意識づけにはとても有効な方法です。

デジキャリメソッドでも同様に、自分自身の将来あるべき姿、なりたい姿を思い描いてもらいます。

そしてそこにいたるまでの道筋をより具体的に感じられるよう「キャリアプランニングシート」をつくってもらいます。

3年後、5年後、10年後、そして20年後。仕事のことだけでなく、自分がどのような人生を歩んでいたいか。そして、今の自分は、理想とする方向に向かっているか。

もしそうでないのであれば、不足している点、修正すべき点はどこにあるのか。

それらをすべて書き出し、やるべきことに優先順位をつけ、今後のキャリアをプランニングしてみてください。

ただし、あまり細かなところまで書いていく必要はありません。

デジマの世界は、まさに日進月歩です。

今日の技術は明日には陳腐化しているかもしれません。

そのような業界で「〇〇までにＸＸのスキルを身につける」などという計画を立てても、あまり意味がありません。

自分が一番大切なことを実現するために、3年後、5年後にどのような生き方をしていればいいのかという観点で記入してみてください。

「〇年後には、家族との時間を大切にするために独立している」という具合です。

そしてできあがったら、目につく場所に貼っておいてください。

「家族に見られたら恥ずかしい」というのであれば、大きめのノートにはさんでおいて、毎日見るというのでもかまいません。

文字に書かれたものを日々目にすることは、モチベーションの維持に非常に効果があります。

自分の本質を確認して、これから進むべき道を頭と心に染み込ませていく。

これが、デジキャリメソッドの出発点です。

将来の幸福な自分の姿は、北極星です。そこに向かって歩いていくことで、幸せな将来は、一歩ずつ近づいてきます。

デジキャリメソッド②
「やりたいことは変わる」を前提にキャリアを描く

普段、何気なく利用しているコンビニは、実はデジマ活用の最先端を行っている業態です。売れ筋商品の把握はもちろん、商品陳列の方法、客の導線設計、在庫管理、商品開発、さらにCRMなど、あらゆる領域でデジタルが活用されています。

そのコンビニ業界トップ、セブンイレブンの生みの親であり、セブン&アイホールディングス会長もつとめた鈴木敏文さんは、もともとは小売業界の出身でも、ましてデジタル業界の経験者でもありません。

鈴木さんは大学卒業後、東京出版販売（現トーハン）という出版物の取次会社に就職。昼間は谷崎潤一郎など名だたる作家と仕事をし、夜は大学教授を呼んで、流通の勉強をするなど、小売業とは無縁の仕事をしていました。

しかし取次の仕事で、出版物の流通にかかわっているうちに、流通そのものへの関心が高まり「本格的に流通業の現場で働いてみたい」と、イトーヨーカ堂に転職したのです。そしてその後の活躍は言うまでもなく、常に日本の流通革命の中心的存在であり続けています。

「いったい何の話だ？」と思われるかもしれませんね。

ここで私が伝えたいのは、仕事を選ぶときに「自分はこれしかやらない、これしかできない」と決めつけないでほしいということです。

もう少し身近な例をお話ししましょう。

以前、私のもとに「デジタル広告を使ったマーケティングの仕事がしたい」という相談者が来ました。マーケティングの領域に知見があり、また施策のアイディアも豊富だったので、多様な案件のある大手の広告会社を紹介したところ、「これこそ私がやりたかったことです！」と喜んで転職し、無事、希望の部署に配属されました。

ところが数年後、その人は同じ会社にはいたものの、映像制作の部署に異動していたのです。

あんなに分析が好きで、論理的な施策を打ち出せる人だったのになぜ？　と思って話を聞いてみると「動画広告の担当になったときに『動画って面白いな』と、動画制作の魅力に気がついてしまって……。それで異動願いを出したんです」

この人のように、業務への興味関心は、ずっと同じものとは限りません。

「自分は○○しかできないから」と狭い範囲での仕事選びは、自分の可能性をなくすことでもあります。

よく「ひとつのことに打ち込まないと、モノにならない」と言われます。

それは当然です。

Aができないから B をやってみる。そうしたら難しかったので、今度はCにチャレンジしてみるという姿勢では、いつまでたっても仕事で使えるスキルは身につきません。

そうではなく、ひとつの分野では完全にプロフェッショナルになったうえで、新しい興味が出てきたら柔軟にチャレンジしていくほうが、仕事をするうえでの幸福度は高くなります。

自分の能力を自分で規定するのは、可能性をせばめることです。

あともうひとつ、具体的なことでお伝えしたいのが「突き詰めたいことが見つかったら、それを実現できる場所にうつる」ということです。

高年収に魅力を感じて広告会社に転職。そこで、大手スーパーが保有するマーケティングデータの分析の仕事に就いた人がいました。

その仕事を続ける中で、その人はデータ活用の魅力に気がつき、もっと知見を深めたいと思ったのです。

そして商品販売の現場に直結し、生のデータに触れることができる事業会社に転職。

年収は下がったものの、広告会社には渡されない秘匿性の高いデータを見ることもでき、自分の分析結果が現場を動かしているというダイナミズムを感じているそうです。

キャリア形成を考える際は「やりたいことは変わる」ということを前提に、仕事も働く場所も、固執するべきではありません。

自分のキャリアを柔軟に考えられる人が、後々、幸福なデジマ人材となるのです。

デジキャリ・メソッド③
何よりも「自分の市場価値」を知ることが大事

私たちのような人材エージェントに問い合わせをされる転職希望者がもっとも知りたがり、またマインドに刺さるのは、何の情報だと思いますか？

それは私たちが紹介できる企業名ではなく、ましてエージェントの人柄でもありません。

実は、自分が受けとるべき年収がわかる「年収査定サービス」なのです。

年収＝自分の市場価値と考えれば、それは当然気になるでしょう。

その際の年収は、いままで関わってきた業務や、職歴・学歴などの要素を加味して算出。その結果を、現在の職種の将来性も踏まえて、多いか少ないか、あるいは適正かなどと判断します。

「そんな機械的に出てきた数字が当てになるのか？」と思われるかもしれませんが、実はかなり参考になる結果が出てきます。

例えば10年くらい前であれば、ネット専業広告代理店での運用業務に携わっていた方は、それなりに高給取りでした。まだデジタル広告の黎明期で、人材が不足していたからです。

しかしその後プラットフォームによる広告管理の自動化が進むにつれて運用業務の価値が下がり、今では、年収査定でも低い数字になってしまいます。

さらに、もし実際の年収が査定より高い場合には、今後は下がっていくことが予想されます。

そのような起こりうる未来を、客観的に見せてくれるのです。

残念ながら自分の市場価値が想像よりも低く、さらに低下トレンドにあることがわかると、たいていの方は「今後私はどうしたらよいのでしょう……？」と不安な表情を浮かべます。

それは無理もありません。せっかく年収アップを期待して人材エージェントを訪ねたら、その希望を木っ端微塵に打ち砕かれてしまったのですから……。

そのようなとき、私は「大丈夫です。それ以外の部分で、あなたの強みを見つけましょう」と伝えます。

実際「自分の市場価値が下がった」といっても、たまたまメインにしているスキルの市場価値が下降トレンドにあるだけ。他に強みになりそうなものがあれば、それを伸ばせる会社に転職したり、あるいは社内でそのような部署へ異動すればよいのです。

その結果、再度上昇トレンドにある職種につき、年収を維持、あるいはアップできる可能性もあります。

また、現在のスキルには将来性がなくても、それを転用することも十分にできます。

例えば、非常にスピーディに紙のチラシをつくれるデザイナーの場合。紙からデジタルに舞台を移し、バナー広告で同様のことができれば、迅速にＡＢテストを行いたいクライアントの要望に応えることができます。さらに、広告測定など、ＷＥＢアナリティックスの経験も身についていくはずです。

また、やや時代にそぐ合わない感のある、飛び込み営業やリアルの営業をしていた方も、その力を生かして、現在とても好調な、ＢｔｏＢで展開しているＳａａＳのインサイドセールスのような仕事につける可能性も十分にあります。

人材エージェントを訪ねれば、いまでは市場価値がやや低くなってしまっているようなスキルであっても、それを活かした転職方法を提案してもらえます。

年収査定で不本意な結果となった場合には、ぜひ相談してみてください。

査定した年収が低いから、もう夢も希望もないということはありません。

一方、自分が想定しているよりも、実は市場価値が高い人材もいます。

【例】1ヶ月8万円のアルバイトでやっていたＬＩＮＥ広告関連業務が評価され、年収３６０万円の正社員に。

近所の整骨院で受付のアルバイトをしていた、地方在住の主婦の例です。

ＬＩＮＥブームが沸き起こった当時、乗り遅れてはいけないとバイト先の整骨院も「ＬＩＮＥで公式サイトを立ち上げるぞ！」となり、彼女がその担当になりました。

彼女はＬＩＮＥでの予約システムをつくり、画像をうまく加工して親しみのわくＬＩＮＥ公式サイトを作成。さらに友だちを増やすために少額ながらＬＩＮＥでの広告も出稿し、友だちになってくれた相手とは丁寧なコミュニケーションを取るなど、集客に大きく貢献していました。

その彼女が、ご主人の仕事の都合で東京に引っ越すことになり、それに合わせてアルバイトでのＬＩＮＥ公式サイト作成、広告運用などの経験を活かし正社員になれる会社を探したいということで、私を訪ねてきたのです。

するとちょうど、ＬＩＮＥでの企業支援を強化している制作会社があり、彼女とスキルセットが近かったので紹介したところ、謙虚な性格も相まって非常に高い評価をもらって一発で合格。アルバイト時代の４倍近い、年収３６０万円を実現しました。

このように、自分のスキルに対する評価は、時期や地域によって大きな差がある場合があります。
だからこそ、現状は低い年収の方であっても、実際の市場価値はずっと高いことも十分ありえます。

その意味でも、ぜひ、自分の市場価値を査定してみてください。

デジキャリ・メソッド④
「個人事業主になる覚悟」が成長のカギになる

企業から選ばれるのではなく、自分が企業を選ぶ。
態度に出してはダメですが、転職市場では、そのくらいの強気でいるべきです。

ただし、その強気には当然、根拠となる実績が必要です。
根拠のない自信は転職市場ではまったく通用しません。

在籍している企業で目覚ましい成果をあげている方なら何の問題もないでしょうが、現状はイマイチなので何らかの形で目に見える実績をつくりたい、あるいは、デジマ業界は未経験なので何かアピールできるものがほしいという相談はよくあります。

そのような方々に向けて、私は「では、一度、個人事業主になってみましょうか？」というお話をすることがあります。

もちろん、本気で「今すぐ自営独立しろ」と言っているわけではありません。

現職が副業ＯＫの会社であることが前提にはなってしまいますが、アルバイト感覚ではなく「個人事業主になる覚悟を持って自分の仕事をしてみてください」ということです。

個人事業主として生計を立てていくためには、絶えず企業から仕事を受注するか、あるいは自分で手がける事業を成功させなければなりません。

そのためには、デジマスキルはもちろん、コミュニケーション能力、人間的魅力、マネジメントスキル、成長意欲など、さまざまな要素が要求されます。

もしそのような要素をすべて、高いレベルで持っているのであれば、転職市場においても、確実に〝引く手あまた〟です。

企業から「選ばれる人」ではなく、企業を「選ぶ人」になれます。

それでは、具体的にはどのようにしたらよいのでしょうか？

デジマ業界未経験者の場合は、何でもいいので、前にも紹介したランサーズやクラウドワークスなど「お仕事仲介サイト」で、自分にできそうな案件に取り組んでみることです。

そこには、原稿作成、Instagramの更新、企画書作成、一般事務など数多くの仕事があります。

もちろん仕事を探している個人事業主のライバルもたくさんいるので、受注するのは簡単ではありません。

そのような場合には、お金を稼ぐということではなく、まずは試してみる、実績をつくるという意味で、最低価格で受けてみてもよいと思います。

もちろん仕事なので「やってみたらできませんでした」は通用しません。

また、真剣にやってみると、クライアントとのコミュニケーションの大切さ、自分でできることの限界、新しいスキルの必要性など、さまざまな発見があるはずです。

その体験をもとに独学をしながら、デジマ分野の仕事を経験していくのがよいと思います。

まずは自分でやってみる。難しそうであれば、できそうな人に相談する。どのような方法であれ、まずはやり切ったという実績をつくることが大切です。

その後、複数の案件をこなしていくうちに、一人前のフリーのデジマ業者になったという自信がつき、顔つきも違ってくるでしょう。

そうなればしめたものです。堂々と希望する企業と相対することができるでしょう。

一方デジマ業界の経験者であれば、そのような受注仕事よりも少しハードルは高めですが、仕事の立ち上げを体験してみるのがよいと思います。例えば、「ＥＣサイトをゼロから立ち上げる」など、主体的に事業のスタートから関わるということです。

エンジニアやデザイナー、ライターなどの協力者を集め、何らかの商品を販売するＥＣサイトをつくって、実際に収益を上げる仕組みを構築してみるのです。

その際、自分はディレクター兼プロジェクトマネージャーという立ち位置で参加してください。

「自分は本職でＰＭをやってるけど?」という方もいると思いますが、それは会社の仕事です。自分が何か失敗した場合、社内での立場が悪くなるなどのことはあるかもしれませんが、最終的に責任を取るのは会社です。自分自身には金銭的な負担や社会的な責任は発生しません。

しかし、個人事業主の場合は違います。

何かあれば、金銭的にも社会的にも、自分に火の粉が降りかかってきます。

そうならないためには、自分のプロジェクトについて、資金、進捗、運営状況、顧客対応など、あらゆる側面を見ていかなければなりません。

また、プロジェクトメンバーが気持ちよく仕事できるための環境整備も必要でしょう。

ここまで言えば想像がつくかもしれませんが、要は、経営者目線、上位の責任者目線でプロジェクトに取り組む体験をしましょうということです。

これは、一社員としてプロジェクトに関わっているだけではなかなか経験できないことです。

しかもこの体験は、まさにプライスレス。

転職の際にアピールできることが増えるだけでなく、仕事の幅に広がりも出ます。

その結果「ぜひこの人に、ウチの仕事をしてもらいたい」という求人オファーがひっきりなしに続く状態も夢ではありません。

ぜひ「自営業者になる覚悟」を持って、会社を選ぶ人材になってください。

デジキャリ・メソッド⑤
社外に「人生のメンター」を持つ

読者の方に質問です。

本書を手に取っているということは、デジマ企業への転職を考えている、あるいは関心があるということではないかと思いますが、それは今現在で、どのくらい具体性があることでしょうか。

いい企業があればすぐにでも移りたいという方、1～2年後くらいには転職したいと考えている方、あるいは具体的な予定はないがいずれ会社を変わるかもしれないと思っている方……。

転職の現実味については、人それぞれ濃淡があると思いますが、そのうえで、すべての方にお伝えしたいことがあります。

それは「少しでもデジマ企業に関心があるなら、すぐにでもデジマ人材専門の転職エージェントのドアをたたいてください。そしてエージェントと話をしてください」ということです。

いまさらいうことでもありませんが、非常に変化が早いのが、デジマの世界です。

いま注目されているスキルも、明日には陳腐化し、明後日には新たなテクノロジーにとって変わられている可能性もあります。

その変化の速さは、企業側にとっても同じことです。

いまは勢いのある企業であっても、しばらくしたら業績に急ブレーキがかかり、いつの間にか別の会社に吸収されているという可能性は十分にありえます。

だからこそ、デジマ業界での転職に本当の意味で成功するためには、短期的な企業研究はだけでなく、業界全体の中長期的な動向を把握して動く必要があるのです。

しかし、いつも忙しく日常の業務に追われている皆さんに「業界全体の流れを俯瞰して見てください」と言っても、現実的には難しいでしょう。

そこで活用してほしいのが転職エージェントなのです。

エージェントのもとには、人材に関する膨大な情報が集まってきます。

その中には、直近の案件に対応できる人材を探しているものもあれば、中長期的な戦略のために必要な人材を求めているものもあります。

その傾向と、業界全体の動きを見ていれば、おおよその今後の流れを掴むことができます。

だからこそ、相談は早めに来ていただいたほうが、お役に立てる部分が多くなるのです。

今後、デジマ業界でどのような方向の仕事をしたいのか。その仕事の将来性はどうなのか。そして、その仕事につくために必要なスキルは何なのかということなどを、相談者と時間をかけて話し合うことで、より幸福になれる転職を実現できます。

いま、いろいろな課題を抱えた人の相談にのったり、アドバイスをしたりする存在として「メンター」が注目されています。

我々転職エージェントは、相談に来た方に、求人票を見せて企業を紹介するだけの存在ではなく、企業への転職希望者にとってのメンターでもあるべきだと私は思っています。

もちろん、今すぐにでも会社を移りたいという方であれば、しっかりと考えや要望をうかがったうえで、ふさわしい企業をご紹介します。

それが転職エージェントの本来の業務ですから、当然です。

ただそれに加えて、いまは漠然とした課題を感じているものの、方向性が見えていない転職希望者の話を聞き、できる限りのアドバイスをしていくのも、自分たちの仕事だと考えているのです。

実際にここ数年、私のもとにそのような相談者がとても多くいらっしゃるようになりました。「転職したい」というのでその方に合いそうな求人票を探そうとすると、「いや、まだ求人票はいいんです。まずは私がどのような方向を目指すのがいいのか、話を聞いてください」というのです。

変化の激しい業界に身をおいているからこそ、誰かと会話をしながら、自分自身をアップデートしていきたいと思うのでしょう。

最近の大手人材サービスのＣＭでも「いま転職を検討していないあなたも、ご自身の市場価値を確認しましょう（年収査定しましょう）」と謳われています。

中長期的な転職を検討する場合でも、遠慮することなく、ぜひメンターとして転職エージェントを活用してください。

ただし、エージェントによって得意な業界と、そうではない業界があります。そこの見極めは必要なので、デジマに興味があるのであれば、さまざまな業界への転職を扱っている大規模なエージェントよりも、デジマ業界に特化したエージェントをメンターにするべきでしょう。

もちろん私たちも、デジマ業界の専門エージェントとして、しっかりと親身にお話をうかがっていきます。最初の一歩を踏み出されることをお待ちしています。

4章

年収2倍、残業なし…華麗なる転職事例9選

年収1000万円を達成した成功者の共通点とは？

「成功者」というと、もともと才能がある人や、不断の努力を続けられる人という印象があるかもしれません。

しかしデジマ人材に限らず、そのような人はごく一握りでしょう。そもそも、そのような選ばれた人しか年収1000万円を達成できなかったとしたら、前にお話した「年収の二極化」で、高年収の方の山はできていないと思います。

では、デジマ業界における「成功者」とはどのような人でしょうか。

それは「よりよい選択をできた人」です。

例えば今後のキャリアについて、AとBという2つの選択肢からどちらかを選ばなければならなくなった場合、より高い年収を実現できる方を選べる力を持っている人が、年収1000万円を達成する成功者になれるのです。

では「よりよい選択」とはどのようなものなのか、説明していきましょう。

1 完成されていない組織・業界を選ぶ

相談者の多くは、やはり名のある大企業への転職を希望されます。特に、年齢が高い管理職の方や、現在の年収も1000万円に近い方であれば、そのような志向になるのも理解できます。

しかし「まだ年収1000万円にはほど遠いけれど、そこを目指していく」という方の場合には「アナログな業界の中でDXを進めようとしている会社」がおすすめです。

デジマ業界内で知名度がある大企業は、確かに年収もステータスも高いですが、そこで活躍できるのは、すでに相当程度の実績がある方というのが現実です。

もしそのような実績がないのであれば、たとえ仮に入社できたとしても、自分が活躍する場はほとんどないかもしれません。それよりもおすすめなのは、アナログな商売の慣習が残っている業界、例えば、不動産業界でDXを一から強力に進めている不動産会社などです。そういった会社に入社してデジマ関連の仕事をするほうが、幅広く、深い経験につながっていきます。

スポーツに例えるなら、平均がそれ以下の実力の選手が強豪チームに入団しても、活躍できる機会はほぼありませんが、弱いチームに入れば即レギュラーになり、活躍の場を得られるでしょう。

それと同じことです。

これからＤＸに取り組むアナログな現場とともに自分も成長し、スキルを身につけ、実績も残したあとに、キャリアアップを考えるのが成功への近道です。

なお、おすすめなアナログ業界としては、先ほど述べた不動産、医療や介護などの業界があります。例えば不動産業界を見てみると、町の不動産屋はいまだにＦＡＸでの連絡が一般的ということが多いので、デジタル化の余地が非常に大きく、デジマ人材が活躍する場はいくらでもあると思います。

また医療や介護の業界については、ヘルステックのスタートアップが脚光を浴びるなど、まさにデジタル化に大きく舵を切っています。さらに、スマホで病院探しをする患者が増えたことで、デジタルツールを活用したマーケティングが進化するなどビジネス領域でもデジタル化が進んでおり、デジマ人材が求められているのです。

このように、デジマ人材を募集しているのは、必ずしも最先端のデジタル化が進んでいる業界や会社とは限りません。発展途上の業界・会社にも注目してください。

2　大きな会社より小さな会社

これは1とも関連しますが、大きな組織、完成された組織に入ると、組織の一員として、決められた領域の、与えられた業務に取り組むことになります。

それは特定のスキル向上には繋がりますが、それよりも、本来の領域を超えてさまざまな業務に積極的に関わることができる、規模のあまり大きくない会社に入社して、より多くのスキルを獲得して知見を深めるほうが、5年後、10年後というスパンで見れば、有利になると思います。

デジマの世界で活躍を続けるためには「自己研鑽」が不可欠です。

「そんなの、どの業界でも同じだ」と思われるかもしれませんが、変化の激しいデジマ業界にあっては、特に、自分から学ぶという姿勢が欠かせません。

自己研鑽をしないデジマ人材は、いつの間にか取り残されてしまいます。

大きな会社であれば、研修などが整っている場合がありますが、小さな会社ではほとんどそのような機会がなく、実際の業務がまさに自己研鑽にも通じます。それには自ら積極的にデジタル分野、周辺分野を学んでいく必要があるのです。

ただ、小さな会社というのは、選び方が本当に難しいです。

例えば、今ではすっかり一般化した電子契約サービスの最大手「クラウドサイン」を運営しているのは、上場も果たしたベンチャー企業ですが、まだサービスが立ち上がったばかりのころは、世間的には「電子契約？　なにそれ？」という状態。

縁あって私がメンターをしていた1人の新卒の女性がいたのですが、彼女はそのベンチャー企業に入社しました。

未知のサービス、無名の企業ということで、女性の家族は「あんな会社で大丈夫なのか？」と心配されていましたが、私はさまざまな資料や情報から「この会社は絶対に大丈夫」という自信があったので、期待を込めて彼女を送り出しました。

彼女はそこでウェブマーケティングの仕事についたのですが、会社の急成長とともに彼女も大きなスキルアップを実現し、より大手のＳａａＳ企業への転職を果たしました。

このように、周囲の噂話や根拠のない風評に惑わされることなく将来に価値あるスキルや経験を積める企業を選ぶことが重要ですが、一般の方には、それはなかなか難しいと思います。

そのようなときは、ぜひ私のような転職エージェントをメンターとして利用してください。

これで最初に私が説明した「成功者になるのはよりよい選択をしてきた人」という言葉の意味をご理解いただけたのではないかと思います。

必要な努力はしなければなりませんが、成功者になるためには特別な才能や頭のよさなどは必要ありません。

選択次第で、運命は変えられます！

当事者の声「年収2倍は難しくない」という衝撃の事実

「今から、あなたの年収を2倍にしてみせます」

こんなことをいう転職エージェントがいたら、どう思いますか？

「そんなことができるわけないだろう、うさんくさい話だな」

世の中の多くの人は、そう思うでしょう。

ところが、私たちのようなプロの人材エージェントの立場からすれば、特に珍しい話ではありません。

なぜかと言えば、私たちは、低い評価しかされていない相談者のスキルについて正しい評価ができ、さらにそのスキルに対して適切な年収で応えてくれる企業を知っているからです。

例えば、今、希少人材として注目される職種のひとつに、データサイエンティストがあります。

いまや、いくつもの大学に、データサイエンティスト養成のための専門学部があるほどの花形キャリアですが、現実的には、実務でデータ分析を行う分には、特にデータサイエンティストの肩書は求められません。大学で専門教育を受けていなくても、データ分析の実務はできるからです。

実際、広告会社や調査会社で「データサイエンティスト」を名乗っている人たちの多くは、新卒で入社してから、仕事の中でデータ分析を学んでいった方々です。

そのような方は、当然転職市場でも年収の高いオファーがたくさんあります。

相談者のお話を聞くと「そのスキルがあれば、今の年収の倍くらいになる会社はいくらでもあるのに」と思うこともしばしばです。

「自分はデータサイエンティストではないから、そんな高い年収はムリだと思います」

そう話す相談者の方もいますが、このような場面で必要なのはデータ分析の実務経験であり、

「データサイエンティスト」の肩書ではありません。

しかしその事実に気がついていない方がとても多いのです。

年収をアップさせるためには、デジマのスキルだけでなく「情報力」が欠かせません。

年収のことで転職を考えるのであれば、まずは、同じような職種の友人・知人に、年収を聞いてみて、相場感をつかんでください。

そして、職場を移れば自分の年収アップを実現できると思ったら、迷わず、転職エージェントに相談してください。

ただし、6章で詳しく説明しますが、転職エージェントとの関係においては「思わぬ落とし穴」が少なくありません。

最悪、「年収が倍」どころか、年収、労働環境とも低くなってしまう場合もありえます。

転職経験者やネットの口コミなどを活用して情報を集め、信頼できる転職エージェントを見つけてください。

真っ当なエージェントであれば、すぐには「年収2倍」の仕事が見つからなかったとしても、それを実現するための方法を一緒に考えてくれます。

「自分の年収はもっと高くていいはず」

そう思ったら、さっそく動いてみてください。

「残業ほぼゼロ」は現実的に叶えられる目標

残業が多い会社というのは、業務量の問題もありますが、基本的には会社のカルチャーによるところが大きいと思います。

もちろん、繁忙期のように、一時的に業務量が増えたためにやむを得ず残業になるということはあるでしょう。

しかし1年を通してずっと残業が続くというのは「業務量に応じた人員配置をするつもりはない」あるいは「非効率的な仕事のやり方を認める」「残業することが会社の評価につながる」などといった、会社の方針、つまりカルチャーだと考えたほうがよいと思います。

このような残業が常態化している会社にいながら、自分だけ残業ゼロを達成するのは、現実的には非常に困難です。

そうであれば、激務から自分を解放し、自分で時間をコントロールできるようにするためには、会社を移るのが最善の策です。


「会社を移ればどうにかなるのか？」と思われるかもしれませんが、過労死が社会問題化したり、コロナ禍による効率的なリモートワークが普及したことによって、ほぼ残業がない会社はかなり増えてきていると実感しています。残業が大きく減ったにもかかわらず、売り上げはさほど変わっていない、そんな会社も出てきています。

そのような会社を選ぶ際の着目点は3つあります。


まず1つ目が、そもそも残業を奨励していないことです。そのような会社の採用サイトや求人の備考には、「残業は平均◯◯時間内」ときちんと記載されています。

残業がない会社は候補者にとっては非常に魅力であるため、堂々と謳っているのです。

その企業が残業について記載している部分を必ず確認することです。

次に、リモートワークを認めるなど、フレキシブルな働きかたができることもポイントです。

コロナ禍ではそれなりに普及し、多くのビジネスパーソンから支持されていたリモートワークも、新型コロナの5類移行に合わせて縮小傾向にありますが、リモートワークでも大きく業績が変わらず、かつ仕事に支障が出ないようであれば、リモートワークを継続している会社はかなりあります。

そして3番目がもっとも大切なのですが、独自の競争力を持った〝オンリーワン〟の会社であることです。


競合が多く、競争の激しい会社は、当然、社員はその競争と無縁ではいられません。

数字に追われ、社内には残業や休日出勤を厭わない雰囲気が満ちているような会社があります。

その中で「私は残業をしません」というのは、相当な勇気がいることでしょう。


だからこそ、残業が少ない会社を探すのであれば、競争とは距離をおいた独自の強みがある会社を選ぶのもひとつの方法なのです。

もっとも、その強みも、いつまで持つものかはわかりません。

もしかしたら3年後には陳腐化して会社がピンチに陥っているかもしれません。

あるいはその逆に、強みは陳腐化していても、開発力を活かし、5年後、10年後まで通用する新技術を生み出している可能性もあります。

当然のことですが、企業は競争が源泉で大きくなっていくものです。独自の強みがなく、参入障壁の低い事業を展開している会社の場合、現状では「残業禁止」「リモートワーク可」であっても、いずれ競争が激化してきたら、なりふり構わず業務量を増やし、管理も厳しくなるでしょう。

「残業ゼロ」の会社だと思っていたら「残業フル」の会社に豹変してしまうというわけです。

だからこそ、最初の2つの条件に加え、3番目の条件をも満たす会社を見極めることが大切なのです。


では、どのように企業を見極めたらよいのでしょうか。


採用サイトや求人票はその会社の入り口としての見極めの参考になりますが、実態をきちんと確認することです。

表向きはホワイトであっても実態はブラックに近いということは、ままあることです。

口コミサイトはどうかと言えば、玉石混交というのが正直なところです。

事実に基づいた客観的な意見がある反面、感情的な反発や悪意のある投稿も少なくありません。

こちらも参考にはなるものの、やはり鵜呑みにするのは危険です。

そこでおすすめなのが、やはり転職エージェントのような専門家に相談することです。

いい点、悪い点を含め、エージェントであれば客観的な企業評価ができます。

さらに、一般的にはなかなか見えづらい「独自の強み」に対する評価が可能です。
その結果、3つのポイントすべて満たす会社を見つけられるというわけです。

そしてそこで得た意見を参考に、最終的には自分の判断で会社を選ぶのが、もっとも満足度の高い方法でしょう。

いずれにせよ、残業ゼロの会社を選びは決して難しいことではありません。

小売の店長（28歳）がSaaS系ベンチャー営業部長に（400万→1000万）

デジマ業界は未経験であっても、過去のキャリアや人間的な強みがあれば、高収入のデジマ企業に転職できる可能性があります。

東京都心で、大手流通企業が展開する小型スーパーの店長だったAさんの事例です。Aさんは大学卒業後、小さなITシステム企業の営業担当として全国を駆け巡り、非常に優秀な成績をおさめました。その後、そこで貯めたお金で独立して、当時ではめずらしかった海外アパレルのECサイトを友人と立ち上げ、商品の買付のためにたびたび渡米するなど、抜群の行動力の持ち主でした。

事業はうまくいかず頓挫しましたが、知り合い経由で、大手流通企業に転職。1年あまりの間で店舗マネージャー、店長と昇進し、マネジメントを担当。目標以上の売上を達成するなど、非常に優秀な成果をあげていました。

そのようなAさんの特徴は、何にも物怖じしないメンタルの強さと積極性、そして行動力です。営業向けの人材に必須な要件をすべて備えている人材でした。

そんなAさんでしたが、ITシステムの営業職↓ECサイト運営↓小売業と渡り歩くなかで、自分のキャリア形成に一抹の不安を感じていました。

「どの会社でもしっかり成果をあげてきた自信はありますし、いまの仕事ももちろん楽しいです。でも、このまま小売業のマネジメントを続けるというのも、何か違うような気がしていて……。これからもっと成長していく業界で自分の力を発揮したいと思っているんです」

私のもとを訪ねてきたAさんはこう話すと、続けて

「これからは、間違いなくデジタルの時代だと思います。この分野の経験を積めるような会社に行きたいと思っています。営業力には自信があります」

私は、Ａさんのキャリアと積極的な性格であれば、大手デジマ企業でも十分通用すると考えて、スマホ向けデジタル広告を扱う企業の営業職を紹介したところ、無事内定。年収３６０万円から４２０万円にアップしました。

入社先での配属先は希望通りの営業部。ＥＣ運営の経験があるとは言え、この領域はまったくの初心者のＡさんでしたが、持ち前の積極性で研修にはどんどん参加し、書籍やセミナーなどで自己啓発にも取り組み続け、マネジメント職として同社内でキャリアアップし、部下10名を率いる部長職に昇進。

もともとサービス業や小売業で店舗スタッフを束ねるマネジメント業務を経験していたこともあり、的確に部門の成績は右肩上がりに伸び、5年ほど勤め上げて、年収は８００万円近くまでになりました。

その後、急成長を続けているＳａａＳ企業の営業部長として転職し、年収１０００万円を達成したのです。

Aさんの場合は、メンタルの強さが大きな武器となり、デジマ業界未経験というハンデを見事覆しました。

このようにデジマ業界未経験であっても、他の業界で実績を残していれば、しっかりと評価される可能性もあるということです。

小規模なWebサービス会社の経営企画室から、電通子会社の責任者に（450万円↓1000万円）

「中途採用のデジマ人材に学歴は不問」ということは65ページで説明しましたが、まさにその事実を証明するのが、ここで紹介するBさんです。

Bさんは経済系の大学に在学していましたが、もともと美術系の仕事に関心があり、そちらに集中するために大学を中退。フリーランスのウェブデザイナーとして活動していました。

そしてデザイナーとして仕事を続ける中で、ふと「自分の仕事はどのくらいの価値をクライアントに提供しているのだろうか」と考え、その答えを見つけようと、人材を主軸とした中堅のWebサービスを手がける会社の経営企画室にて転職しました。

経営企画室と名前がありますが、いわゆる何でも屋です。

その会社は非常にアナログな会社で、業務の報告や書類は基本的に紙ベース。営業活動もいわゆる〝足で稼ぐ〟、〝電話営業〟が基本。もちろん書類作成や経理処理にはパソコンが使われていましたが、ＩＴを活用しているとは言えない状況でした。

そこで、ウェブデザインの仕事を通じてデジタル関連のスキルを高めていたＢさんは、「デジタル化を進めれば、もっと業務が効率的になり、売上げも伸ばせるはず」と考え、自社ウェブサイトの再構築を手始めに、ＣＲＭの導入も進め、ウェブマーケティングの素地をつくりました。

さらに、当時は黎明期だったマーケティングオートメーション（ＭＡ）のツールに着目。独学で活用法を学んで顧客増、売上増に貢献しました。

Ｂさんの業界では、全体的にデジタル化が進んでいなかったこともあって、その取組みは業界内でも評判になり、他企業に対するウェブマーケティング支援も同社の事業メニューになるほどに成長させたのです。

そのようなＢさんが、次なるステップとして、名だたるデジマ企業を選んだのは必然です。

しかしＢさんが自分でダイレクトにエントリーした大手企業にはことごとく「大学中退」を理

由に、書類ではねられてしまいました。

「大学を出ていないばかりに、どこも書類で落ちてしまい、面接までたどりつけません」

Bさんが、そんな困った表情を浮かべながら私のもとにきたのは、3社目の不合格通知が来た日でした。

私はBさんの話を聞き、まさにデジマ人材とはこのような人だと確信。さっそくデジマ業界では最大手クラスの企業を紹介しました。

ところがここでも、大学中退を理由に不合格に。

「やはり、学歴の壁はあるんでしょうか……」

さびしそうな表情のBさんに対し、私は

「そんなことはありませんよ。もう少しがんばってみましょう」

そうBさんを元気づけました。

そして私は、その企業に対して希望部署の変更などを提案し、結果、書類審査を通過し、転職に成功。

いまではその会社のＡ－チームの責任者として、１０００万円強を達成しました。

このように、もし学歴が問題で話すらきいてもらえない状況になったとしても、決してあきらめないことです。

転職エージェントに相談すれば、道が開ける可能性もあるからです。

中小Web制作ディレクターが大手代理店デジマ営業部長に（360万円→1000万円）

変化が激しく、また他業種からの人材流入も多いデジマ業界ですが、新卒でこの業界に入り、適切なタイミングでキャリアを見直して、キャリアアップを実現していく方も当然います。大学卒業後、小さな制作会社に入社したＣさんは、代表的な事例だと思います。

Ｃさんは3年間、年収３００万円ほどでＷｅｂディレクターの仕事をしていました。

当時はＷｅｂの黎明期だったこともあり、「とりあえずホームページくらいはつくっておくか」という中小企業や個人商店からの発注も多く、Ｃさんは忙しい日々を送っていました。

そこから数年たち、Ｗｅｂをめぐる状況は大きく変化していきました。

それまでのＷｅｂサイトの役割は、会社や商店の看板代わりという認識だったのに対し、完全な別軸として、Ｗｅｂそのものを活用したサービスが普及しはじめ、比較サイトやレビューサイトを運営する企業が続々上場するようになっていったのです。

Ｃさんも、その変化に合わせるように受注メインの制作会社から保険の比較サイトに転職。職種も登場したばかりのＧｏｏｇｌｅやＹａｈｏｏ！のインターネット広告運用という、デジマ人材の仕事でした。

業界的にも、サービスが展開され始めたばかりだったのでインターネット広告に関する知見がほぼない状態ということもあり、マーケターとしてまさに手探りで運用を進めていく毎日。成果を出すためにさまざまな施策に取り組んでいきました。

そしてその会社で、クライアントとして５年ほどＷｅｂマーケティングに取り組み、知見も蓄えたところで、次にネット専業の広告代理店に転職。

今度は立場を変え、クライアントから預かった広告費で、いかに効果的に広告を回していくかが要請されることになったのですが、それまでの知見を活かし、また個人的にも研鑽をつんでいくなかで、着実に成果を出す運用でクライアントからの評価も非常に高く、運用部門のマネージャー職に抜擢されました。

業界内でも、インターネット広告に誕生時から関わり、しかも成果を出してきたCさんは注目されていたこともあり、ほどなく大手広告会社からデジタル広告全般の責任者としてヘッドハンティングされ、年収１１００万円を達成しました。

物事には「潮目」があります。

アナログな雰囲気のある言葉ですが、デジマ業界であってもそれは同じです。

新しいサービスやテクノロジーが登場したら、それが、デジマ業界にどれほどのインパクトがあるものなのかを見極め、自分のキャリアを考えてみることがキャリアアップにつながります。

つまり「自身の経験の売り時を知る」ということが大切なのです。

年収1200万円広告運用マネージャー「残業1000時間」↓「残業ゼロ」

私が一番大切にしているのが、ウェルビーイングを実現する働きかたです。

いくら年収があったとしても体を壊してしまったり、忙しすぎて家族や友人と過ごす時間がなくなったり、好きな趣味の時間が取れなかったりしたら、人生の幸福度は大きく低下してしまうのではないでしょうか。

私たちが仕事をするのは、幸福な日々を送るためです。
年収だけを目的にした仕事は長続きしません。

そしてウェルビーイングを阻害する代表的なものが「残業」です。仕事をしている以上、当然、やむを得ない残業は発生するでしょう。

しかしそれが限度を超えていると感じる場合には、たとえ年収がダウンしたとしても、別の仕事を探すべきだと私は思います。

大手のネット専業広告代理店に入社して、インターネット広告黎明期の2000年代前半から15年間、同じ会社で、ネット広告一筋で仕事をしてきた、Dさんという方がいました。

携わった業務は、営業、マーケティング、そして運用。インターネット広告に関連すること全般。まさに、日本でのインターネット広告の成長とともにキャリアを築いてきたような方です。

そんなDさんが年収の一つの節目と考えていた1000万円を超えたのは、40歳のとき。運用チームの責任者となり、年収1200万円を達成したのです。

「あのころは、目標だった1000万円を2000万円も超えて、ついにここまで来たか、という気持ちでいっぱいだったんですけれどね」

数年前、私を訪ねてきたDさんは、苦笑しながらそう言いました。

インターネット広告は、登場から20年足らずでテレビ、ラジオ、新聞、雑誌という、いわゆる4マス媒体を抜き去る急成長をとげましたが、それを支える現場は多忙を極める状態。Dさんもご多分に漏れず、長時間労働の日々でした。

「『チームの責任者』とは言え、マネジメントだけしていればすむという話ではありません。昔からのお得意様は自分が対応するし、チームメンバーの仕事も当然見なくてはいけません。まあ、広告会社の管理職なんて、どこも同じものだとは思いますが」

そう話すDさんはお子様が小さいこともあり、週末は家族と過ごすと決めており、仕事は極力しませんでした。しかし、そのしわ寄せが平日にいき、残業時間は100時間を超えるのは当たり前。

週末は体調不良で起きることができず、家族との約束を守れないこともしばしば。やがて、家族はDさん抜きで出かけるようになってしまったそうです。

コロナ禍では、リモートワークは認められていたもののほとんどのメンバーが出社していたため、自分が自宅にいるわけにもいかず、以前と同じようなペースで仕事を続けざるを得ませんでした。

「クライアントとオンラインミーティングをすると、先方はリモートワークなんですよね。『Dさんはご出社なんですか。大変ですね』と言われたりして、非常に羨ましく思いました」

そのような日々が続き、ついにDさんは「年収よりも自分の生活を大切にしよう」と決意。年収が下がってもいいので、リモートワークができて、残業も少ない会社を紹介してほしいと、私を訪ねてきたのです。

そこで私がすすめたのが、同様の職種ではあるものの、必要以上に数字に厳しくない中堅どころの会社でした。このような会社の中には、社員のことを大切にして、社員の定着をはかるため、労働環境も整備されていることがあります。

またこの会社が、CRMの領域で独自の強みを持っていたことも大きなポイントでした。この強みを超える会社やツールが現れない限り、現在の労働環境が変わることがありません。

そして当面は、この会社は独自の競争力によって現在のポジションを維持できると、私は考えたのです。

ほどなくDさんは、その会社に転職。

年収は800万円と、約3割減になりましたが、残業はほぼゼロ。

ずっと続いていた体調不良も消え、リモートワークなので、週末はもちろん平日も家族と過ごせるようになり、家族からの信頼も取り戻したそうです。

データマーケター(38歳)「年収600万円」↓「年収1200万円」

「稼げるデジ人材」の代表格は、なんと言ってもデータサイエンティストやAIエンジニアなどの、いわゆる希少人材です。

優秀な希少人材であればそれこそ引く手あまたであり、おそらく希望の年収は、無理なく実現できることでしょう。


しかし必ずしも「データサイエンティスト」「AIエンジニア」という肩書を名乗っていなくても、同内容の業務をしていることで企業に高く評価されるケースもあります。

中堅小売企業のシステム部門にいたEさんは、まさにそのようなタイプです。

Eさんは新卒で、関東周辺に多くの食品スーパーを展開する会社に入社にしました。

まずは現場体験ということで、最初の数年間はスーパーの店頭に立ったEさんは「売れていく商品の特徴」について、いろいろ気づくことがあったそうです。

「○曜日にはこのタイプのお客さんが多くて、こんな商品が売れていくとか、A商品とB商品を並べておくとA商品の売上が倍増するとか。こういったことをデータ化しておけば、誰が売り場の責任者になっても同じ結果を出せるんじゃないかなとか、よく考えていました」

そして現場での数年間を過ごしたあと、本社の管理部門に異動。システム部門の担当となり、主に店舗と本社をつなぐネットワークの保守や自社サイトの運用などにかかわっていましたが、POSシステムの刷新に合わせて、Eさんも新設のDXチームに移り、売上データの収集・加工、分析などを担当することになりました。

元々、現場にいたときにデータ分析的な視点で、商品の売れ行きなどを見ていたEさんなので、この異動は本人の資質にもあっていたのでしょう。毎日仕事が面白かったと言います。

「分析結果に基づいた仮説をつけて、週1回レポートを経営層に提出するんですが、毎回、新しい発見がありましたね。分析するデータの組み合わせを変えたり、ひとつのデータでも異なる着眼点で見てみたり、ほんとうにいろいろなことが見えてくるんです」

Eさんは当初、エクセルでマクロを組んでデータの加工や分析を行っていましたが、「これでは限界がある」と感じ、上司に直談判してクラウドの分析ツールを導入。独学で使い方を学び、さらに充実したレポートを提出するようになったのです。

そんなEさんは、もっといろいろなデータ分析をしてみたい、そのためには会社を移ったほうがいいだろうと思うようになり、私を訪ねてきたのです。

そこで私が紹介したのは、日本のでもトップクラスの調査会社でした。

この会社であれば、食品スーパーでの商材に限定されることなく、多様なカテゴリの海峡はそれこそ、ありとあらゆるデータが集まってきます。

喜んで転職したEさんは、よほどその会社の水が合っていたのか、数年経たないうちにマネージャー職に昇進し、年収アップもどんどん実現していきます。

そののち、大手コンサルティングファームからヘッドハンティングされ、データマーケターとして2回目の転職。年収1200万円を達成しました。

Eさんは自分の志向とデータドリブンな世の中の流れがうまくマッチングして幸福な転職を重ねることができました。

このような幸福な転職例もありますから、自分のキャリアは希少価値があるのかもと思ったら、遠慮なく転職エージェントを訪ねてみてください。

DX推進部長
「年収600万円」↓「年収1100万円」

「希少人材」という意味では、データサイエンティストやAIエンジニアなどの先端的なものでなくても、既存のキャリアをハイレベルで複数こなせる人材も企業から高く評価されます。

日本を代表する流通企業でDX部長を務めるFさんはそのような方です。

Fさんは合計で6社を渡り歩いてきた、経験豊富な、開発もできるデジマ人材です。

新卒時には、大手SIerに入社。3年ほど、SEとしてエンジニアの基礎を学び、その後コミュニケーション能力の高さをかわれてPMに昇進しました。

ＳＥからＰＭになるというのは、比較的よく聞く話ですが、Ｆさんはさらにここからスキルを増やしていきます。

Ｓｉｅｒからポイントサイトを運営する事業会社に転職し、ウェブマーケティングを含む、マーケティング領域全般を学んでいったのです。

つまりこの段階で、エンジニア×ＰＭ×マーケターという、１人３役をこなせるスキルを身につけていたということになります。

「たくさんの会社で仕事をしているうちに、いろいろ覚えてしまって」

と笑いながら話すＦさんですが、その希少価値は非常に高いものです。

企業側からすれば、Ｆさん１人がいれば技術的な分野からビジネスにかかわる領域まで、デジタル部門全般を任せられるので、高い年収を払ったとしても、十分メリットがあります。

複数のスキルを合わせ持つということは、本人にとってはできることの幅が広がるということであり、一方企業から見れば、その人が１人いれば、ほかの人材を雇う必要がない……とまでは言いませんが少なくても必要な人員数を下げることはできます。

つまり、転職市場においてＷＩＮＷＩＮの関係が築けるわけです。

さらに、これだけの希少人材になると、企業側の採用条件を変えることもあります。


Ｆさんの場合、現在の職につく前は、ある大手メーカーのＩＴ部門の責任者をつとめており、その段階で年収１０００万円でした。

そして今回、私の紹介で大手流通企業への転職が決まったのですが、そのときの条件は年収１３００万円。


ところが、流通企業の社内規定で、通常の正社員採用では規約の関係上スタートは１３００万円の給与は難しいことがわかったのです。

そこで最初の１年は契約社員として入社。特別オファーとしてその条件を見たし、１年後には正社員となって、無事希望の年俸を実現するということで話がまとまりました。

もちろん通常はこのようなことはありません。

日本を代表する企業が策を弄してでもＦさんを採用したのは、その希少価値がなせる技と言えるでしょう。

デジタルクリエイティブ職「年収300万円」→「年収450万円」

履歴書や職務経歴書をつくり込むことで、企業側の評価が俄然高まり、思いもよらない転職に成功することがあります。そのような事例をご紹介しましょう。

Hさんは、学生時代は理系の学部でしたが、クリエイティブ志向が強く「卒業したら絶対にクリエイティブの仕事をする」と決意。

理系出身者に多い研究者やメーカー勤務は選ばず、社員数人の小さな制作会社に入社して、希望のクリエイティブ職につきました。

ただ、喜びはほんの束の間。その会社ではバナーやサイトの制作、紙媒体の制作、さらに企業ブランディングなど幅広く手がけていましたが、いかんせん大手広告代理店の孫請け。進行や納期など自分たちの都合で決められることはほとんどなく、早朝から深夜まで仕事が山積みという、超ハードワークな日々に追われることになったのです。

しかも残業時間は100時間をゆうに超えるものの、裁量労働制のため残業代はつかず、年収は300万円を少し超える程度でした。

Hさんは責任感が強く、またコミュニケーション能力が高かったこともあってクライアントからの受けが非常によかったうえに、社長からの信頼も厚く、「Hさんがいるから大丈夫だな」「Hさんに任せておけば安心だね」と常日頃から言われていたそうです。

「とにかく労働環境が過酷な状況で、転職を考えたこともあったのですが、仕事そのものは好きで、いろいろな外部の賞をいただいたりしていました。また、社員数も5人程度という小さな会社だったので、自分がいなくなったら会社が回らなくなるだろうという心配もあって、なかなか転職に向けて動くことはありませんでした」

しかしそんなHさんに、転機が訪れました。

あまりの激務に体が耐えられなくなったためか、勤務中に体調を崩し、そのまま入院。1ヶ月ほどの療養生活を余儀なくされたのです。

「ここでさすがに『これではダメだ』と感じました。モチベーションもすっかり低下してしまい、あんなに楽しかった仕事も、本当に自分が好きでやっていたのかどうかもわからなくなって……」

そこでHさんはついに転職を決意したのです。

初めての面談でお会いしたHさんは、非常に人柄がよく、確かにどんなクライアントでも良好なコミュニケーションを取れる方でした。しかも実績も申し分なし。

ただ残念だったのが、Hさんがつくった履歴書と職務経歴書では、彼女のよさと実力が十分に伝わって来ないのです。

そこで私は、弊社のコンサルタントと一緒に、それらを練り上げることを提案しました。すると彼女も快諾してくれたので、何度となくやり取りを繰り返して、完璧と言っても差し支えのない出来栄えの履歴書・職務経歴書が完成。大手広告代理店に売り込んだところ、見事内定を獲得できたのです。

Hさんに電話でそのことを伝えると

「本当ですか？　私に内定ですか？」と非常に驚いた様子だったのが印象的でした。

その大手広告代理店は、30代なかばで年収が1000万円を超える人もたくさんいる会社なので、Hさんの頑張り次第では今後の年収の大幅アップも期待できるのではないかと思います。

このようなことが実現したのは、Hさんに高い能力があったことはもちろん、その実力をしっかり表現する応募書類を準備できたことも大きいと思います。

転職は、自分という商品を売り込むことです。

遠慮することなく、自分の実力を存分にアピールする書類を用意するよう、心がけてください。

派遣社員↓広告運用担当「年収350万円」↓「年収470万円」

転職で重要なポイントのひとつに「自分のスキルの売り時を見極める」ということがあります。

何度もお伝えしているように、デジマ業界は、非常に変化が速い業界です。

そのため「1年前はAというスキルを持った人材のニーズが高かったけれど、いまはBというスキルが注目されていて、来年にはCかDのスキルがある人材が求められるようになるだろう」という具合に、業界のトレンドによって人材ニーズが大きく変わることがしばしば起こります。

そのようなタイミングをうまく見極めることができれば、自分のスキルを活かして、よりよい条件での転職が可能になるのです。

これからご紹介するGさんは、偶然とは言え、まさにそのパターンに当てはまる方です。

Gさんは大学卒業後、派遣社員として働いていました。デジタルに詳しいわけではなかったのですが、3社目に働くことになったのが、ネット専業の広告代理店でした。

「まったく未知の分野だったので、いろいろな本を読んだり、ネットで情報を集めたり、詳しそうな知人をつかまえて話を聞いたり……。ずいぶん勉強しました（笑）」

派遣社員という立場を考えれば、そこまでがんばらなくても……とも思えますが、真面目で頑張り屋のGさんは熱心に知識を吸収し、スキルを身につけていきました。

最初のうちは単純な事務作業的な仕事を担当していたのですが、その熱心さを買われ、やがて営業やコンサルティング業務にも携わるようになり、クライアントも何件かまかされるように。

クライアントは、飲食やアパレル、ラグジュアリーブランドなど幅広い業種にわたっていましたが、そのうちの1社が、ショップを経由せずに商品を直接消費者に販売する、いわゆるD2Cの会社でした。

今でこそ一般的になったD2Cですが、Gさんが関わり始めた当時はまだ黎明期。

小資本で事業を進めるD2C企業にとって、効率的なマーケティング方法は暗中模索の状態。大きな広告費もないため、今では当たり前とはなっていますが、当時はすこしずつ事例が出始めていた公式LINEとInstagramの運用を支援することとなりました。

「彼らには、大企業のような潤沢な広告費はありません。だから、広告費を使わずユーザー集める手法を必死にチームメンバーと考えました」

熱心なGさんは何度となくクライアントと打ち合わせを重ね、ＬＩＮＥとＩｎｓｔａｇｒａｍでＰＤＣＡを回し、クライアントが満足する成果を出し続け、社内的にも高い評価を得てきました。

そして、３社目の会社で働き始めて３年。派遣期間の終了が近づいてきたころ、Gさんは私のもとを訪ねてきたのです。

「また派遣社員として新しい職に就くという選択肢もありますが、この３年間を振り返ってみて、自分はデジタルの仕事に向いているのではないかと思ったんです。そうであれば、せっかく身につけたスキルを活かして、今度は正社員として働きたくなりました」

Gさんの経歴書を見た私は「このスキルなら、おそらくキャリアアップできるだろう」と感じました。というのも、Ｄ２Ｃブランドが急成長を遂げているいま、この領域のマーケティングに精通した人材はひっぱりだこだからです。

しかも、何の予備知識もないところからスタートして、工夫を重ねて着実に成果を出せるまでにスキルアップしたGさんの努力家ぶりも、高く評価されるポイントです。

私の予想通り、Gさんは、D2C案件の強化を進める大手広告会社への転職が決まり、年収も上げることができました。

Gさんの場合は、スキルの獲得もそれを活かした転職のタイミングも偶然のことで、ラッキーが重なったとも言えますが、このようなことを意図的に行うことが、デジマ業界での転職が成功につながります。

つまり、数年後に価値が出そうなスキルを磨き、その価値が上昇したところで、スキルを武器に転職を進めるということです。

ただ、そのようなスキルの見極めや、転職に最適なタイミングは、なかなか一般の方ではわからないと思います。そのときはぜひ、転職エージェントに相談してみてください。転職が有利に進むはずです。

UI／UXコンサル
「年収450万円」↓「年収600万円」

65ページで「転職の場合、重視されるのは本人のスキルであり、学歴が採用の判断に占めるウェイトは、新卒時ほどには大きくない」ということをお伝えしました。

Ｉさんは、まさにその好例でしょう。

Iさんは難関大学に次ぐ、いわゆる中堅私立大学の卒業生です。

新卒時、大手企業は建前では「学歴不問」と言いながらも、実際の採用現場ではどうしても、学歴で判断せざるを得ない部分もあるため、Iさんでは大手企業への就職は難しいのが現実です。

そこで、デジマ業界で働くことを希望していたIさんは、ECコンサルを手掛ける広告代理店に就職しました。

その会社は規模こそ大手には及ばないものの、クライアントには大手百貨店や有名企業が名を連ね、また自社開発サービスも展開するなど、さまざまな事業に意欲的に取り組んでいます。

「ほとんどの社員が自分と同世代か少し上くらいなので、社内は本当に活気に満ちていますね」（Iさん）

Iさんはその会社で、某百貨店のECサイトに関して、UI/UXのコンサルティングに携わることになりました。

言うまでもありませんが、ECサイトのUI/UXは、まさに顧客満足の成否を決する重要な要素です。適切な設計がされていればユーザーは積極的に商品やサービスの購入を続けますが、少しでも使用感に違和感があれば早々に離脱してしまい、購入に結びつきません。

Ｉさんは、仕事内容も会社の雰囲気も水に合っていたのでしょう。入社した初年度から実績を上げ始め、ついには、コンサルを担当するＥＣサイトの売り上げを３倍超にまで伸ばしました。

このように、仕事では大きな成果をあげていたＩさんですが、ひそかに不満と不安を感じていたそうです。

「主に不満だったのは、給与面ですね。仕事の成果を考えたら、もう少し高い給料でもいいんじゃないかなと感じていました。不安だったことは、社内のメンバーが全員若いので、ロールモデルがいなかったことです。今後どのようなキャリアパスを描いていけるのか、あるいは描いていくべきなのか、先のことを考えると、このままでいいのかなと思い始めました」

そこで、Ｉさんはキャリアアップを目指し、新卒時には入社できなかった大手企業に狙いを定め、転職活動を始めました。

Ｉさんの強みは、なんといっても卓越したＵＩ／ＵＸのコンサルのスキルです。次々に新たなマーケティング手法が登場する状況にあって、快適な顧客体験を提供するためにはＩさんの持つスキルは不可欠と言えます。

この点を強力にプッシュした結果、UI／UXのコンサルを急募していた世界最大のコンサルティングファームからオファーがあり、Iさんは見事内定を勝ち取りました。しかもこの会社は新卒で書類で採用を見送りになった会社だったのです！

タイミングがよかったということもありますが、Iさんの事例は、どのような環境にあっても一生懸命に頑張ればいつかは報われるということの証明だと思います。

ちなみにIさんは、数年後のさらなるステップアップを目指し、守備領域を広げながら、スキルに磨きをかけているそうです。

これからマストなデジマスキル5選

ここまで、転職に成功された方の事例を紹介してきましたが、どの方にも共通して言えることが、本人が意識していたかどうかは別として、転職を考えたときに求められるスキルを持っていたということがあります。

逆の言い方をすれば、企業に求められるスキルがなければ希望する転職は難しいということになります。

そこで、転職成功事例の最後に、これからデジマ業界への転職に際して求められるであろうスキルを5つ紹介します。

これらのスキルを獲得することで、転職はより有利に進められるでしょう。

①ビジネスプロデューサー職

#職種の内容

ビジネスプロデューサー職は、現在、注目されている職種です。広告代理店では、かつては「営業」と言われていたり、コンサルティングファームでは一般的なコンサルタント職としてまとめられていましたが、ビジネスの課題、特に新規事業を支援するプロとして、最近では「ビジネスプロデューサー」と呼ばれるようになっています。

大手広告代理店の電通や博報堂では、2023年現在、この職種を中途採用で募集しており、コンサルや事業会社出身の人を積極採用しています。

今までは、この領域の職種については代理店出身の人しか採用していなかったことを考えると、流れが大きく変わってきています。

この背景には、テクノロジーの進化により、大手企業が従来の事業やサービスだけでは生き残れなくなるリスクがあるのです。

#必要性・将来性

大手企業は、自社内では新しい価値を生み出す人材が不足しているため、コンサルティング会社や広告代理店がビジネスプロデューサーとしてその代役を果たしていると言えます。このような現状を考えると、ビジネスプロデューサーは将来的にますます必要な職種となるでしょう。

例えば、飲食業界。よい立地に店舗を構えることが成功要因の一つでしたが、今は、ウーバーイーツのような宅配が当たり前になりました。その結果、店舗を構えずにコストを下げ、セントラルキッチンだけつくって、美味しいものをより安く自宅まで届けるビジネスが生まれており、そのような店舗が大手飲食店の競合となっています。

また旅行代理店のケースでは、今までは海外ホテルを安く仕入れてよりよいサービスを提供し、それをパンフレットで販売することでビジネスが成立していましたが、現在では現地ホテルをネットでつないで、ダイナミックプライシングでリアルタイムに安い料金を提供するプラットフォーマーなどが現れ、根本のビジネスの見直しが迫られています。

デジタルテクノロジーの進化は、大手企業も安心していられない状況を生み出したため、大手企業も、新しいサービスやビジネスの開発をしたいという要望が強くなっています。

#スキルの獲得法

ビジネスプロデューサーに求められるスキルは、ＢＴＣ（Business、Technology、Creative）と呼ばれ、それぞれ、以下のような内容です。

・Business：新しいサービスを生み出し、それを売り上げにつなげるためには、ビジネスセンス、経営的な感覚が必要です。特に新規事業の立ち上げ支援を行う際には、独自のビジネス戦略が求められます。

・Technology：ＡＩやＷｅｂ３などの新技術を活用したサービスが当たり前となるなか、最先端テクノロジーに対する深い理解が求められます。その理解なくして、革新的なサービスの開発や導入はできません。

・Creative：ビジネスセンスにあふれ、テクノロジーに明るいだけでなく、顧客にとって使い勝手のよいデザインやパッケージをつくるためのクリエイティブな感覚も重要です。Ｕ／ＩＵＸ（ユーザーインターフェースとユーザーエクスペリエンス）に関するスキルも必須です。

正直に言うと、これらをひとまとめにできる人は、世の中にほとんどいません。したがって、たとえ小さなことであっても、この領域にチャレンジする経験が大きな価値に繋がっていきます。

これらのスキルを身につけるためには、小さな企業やスタートアップ系事業会社での経験が有益です。立ち上げ段階の企業では、さまざまな業務に携わりながら、ビジネス、テクノロジー、クリエイティブの３つの分野に関わる経験を積むことができます。

ゼロからの立ち上げというフェーズの企業に入り、経験を積むことは大きくキャリアアップにつながるでしょう。ただしそのような企業は、世間的に名前も知られていませんし、決して高給でもありません。また9時から17時といったように就業時間がきちんと決まっているような企業ではないということは、知っておく必要があります。

#想定先転職企業

ビジネスプロデューサーは、大手広告代理店や大手コンサルティングファームでの活躍が期待されます。これらの企業では、クライアントのビジネス課題に対処し、新しいサービスの提案や立ち上げ支援を行っていきます。

#想定年収

大手広告代理店のビジネスプロデューサー職の想定年収は、40歳で1000万~1800万円。この職種は高度なスキルと経験が求められるため、その反映として高水準の年収が期待されます。

②統合マーケティング職

#職種の内容

統合マーケティング職は、デジタルマーケティングのみならず、オフラインを含めたマーケティング全体を理解し、その理解に基づいて施策の企画・立案、実行に移せるスキルを備えたポジションです。

領域として、広告代理店は広告やクリエーティブが強く、コンサルティング会社はデジタルデータを活用したマーケティング活動が得意だったりと領域が分けられていましたが、統合マーケティング職はそのような垣根を越え、オフラインを含めたマーケティング全体を統合してプランニングを進めます。

消費者行動やテクノロジーの進化により、企業のマーケティング活動は複雑化しています。そのため全体から課題を見つけ出し、解決までの道のりを示し、スピーディなマーケティング課題についてＰＤＣＡを回せるスペシャリストが求められているのです。

#必要性・将来性

デジタルマーケティングの進化に伴い、広告やマーケティング活動は複雑なものとなりました。そのため従来のスキルだけでは対処しきれず、オフライン（ＴＶ、雑誌、新聞、ラジオ、店舗など）を含めた統合マーケティング職が必要とされています。

これまでのネット広告やメルマガ運用だけでなく、オフラインの施策やＣＲＭ、コールセンターなど消費者のＣＸの課題を解決していくために、戦略を策定し、実行までを描ける人材が求められているのです。

#スキルの獲得法

統合マーケティング職に必要なスキルを獲得するためには、広告、CRM、データ分析、Webディレクターなどいくつかの専門分野で経験を積むことが重要です。全体の課題解決で、自分はどの部分を担っているかを理解し、近視眼的な仕事ではなく、俯瞰的な目を持ちながら取り組むことが求められます。

異なる領域のスキルを身につけることで、広告代理店やコンサルティング会社などの統合マーケティング職にステップアップすることが可能です。

#想定先転職企業

統合マーケティング職は、広告代理店、コンサルティング会社、Webサービス企業のプロダクトマネジメントポジション、スタートアップ企業のデジタルマーケティングポジション、大手事業会社のデジタルマーケティング職などで活躍することができます。

#想定年収

大手コンサルティングファームのデジタルマーケティングコンサルタントの場合、30歳男性の年収は1200万円程度と考えられます。

#キャリアステップ

未経験の状態から統合マーケティング職にいきなりステップアップするのは難しいですが、必要なスキルを身につけるためには、広告、CRM、データ分析、Webディレクターなどの関連分野で深い経験を積みながら、同時に、全体の課題解決にも興味関心を持つことが重要です。

支援領域が広告運用だけなど限られている企業に在籍している場合は、全体課題解決をチャレンジできるところに転職をするのをおすすめします。

③データサイエンティスト

#職種の内容

定量的、定性的なデータを集め、仮説を構築・検証し、データドリブンなアプローチでビジネスの改善を果たす仕事。また、データ分析の技術を活かした新事業を検討したりもします。

#どうして必要とされるスキルになるのか？

ファクトに基づいた思考・判断ができることが、ベーシックなビジネススキルとして当然に求められるようになっています。

さらにデジタル化の進展によってより精度の高いデータを集められるようになり、それらのデータについて、どのように利活用をしていくか、という分野の専門性も高度になっていきました。

今後も、テクノロジーの発展に合わせてデータの利活用スキルも高度化していきます。その結果、データサイエンティスト職は、ますます引っ張りだこ状態になるものと思われます。

#スキルの獲得法

まずはデータアナリスト、またはそれに類するような、データの扱いに特化した職種へのキャリアチェンジをおすすめします。

データの扱いを身につけつつ、ビジネス領域に強いデータコンサルタントや、エンジニア領域に強いデータエンジニアなど、自分の興味関心・得意不得意など勘案し、スキルを向上させていくのがよいでしょう。

データアナリストへのキャリアチェンジが難しいという状況であれば、まずは身の回りの業務について、データを用いたアプローチで改善できないか、試行錯誤をしてみることもよいと思います。

データ分析の環境は、小規模なものであれば、自分でも用意ができるはずです。

統計検定やTableauなどのCertificateを得ることも少なからず役に立つかと思います。

またSQLやPythonについて学び、実際にいろいろなデータに触れ、さまざまな分析手法を身に着けていき、なおかつそれを現在の業務改善に活かした経験があれば、ポテンシャル層として採用している企業も少なくありません。

さらにその先には、AIエンジニアやWeb3など最先端のエンジニアへのステップアップも考えられます。

#想定先転職企業

データ活用をしない企業はありませんので、大手事業会社からスタートアップへの転職パターンがありますし、また支援会社では大手広告代理店、コンサルティングファーム、ＳＩｅｒなど幅広く活躍できる領域があります。

#想定年収

かつて、新卒で１０００万円も！　というニュースがありました。このように、この職種はどこでもひっぱりだこ。20代で年収１０００万円以上のデータサインティストも普通にいます。

④ＵＩ／ＵＸデザイナー

#職種の内容

ＵＩ／ＵＸデザイナー職は、ユーザーインターフェース（ＵＩ）とユーザーエクスペリエンス（ＵＸ）をデザインする専門職です。ＵＩはアプリやＷｅｂサイトなどユーザーが直接触れる部分を、ＵＸはユーザーがそのサービスや製品を利用する際の全体的な体験を指します。

この職種には、ユーザビリティ、視覚デザイン、情報設計、ユーザーリサーチなどのスキルが求められます。

#必要性・将来性

UI/UXデザイナー職は、現代のデジタルビジネスにおいてなくてはならない存在となっています。その必要性を深く考察すると、以下の点があげられます。

1　ユーザーエクスペリエンスの向上：

デジタル製品やサービスのユーザーエクスペリエンスは、ビジネスの成功に直結します。UI/UXデザイナーは、ユーザーが製品やサービスを直感的に理解し、快適に利用できるようデザインします。使いやすさや視覚的な魅力は、競争が激しい市場で企業の差別化を促進します。

2　ユーザーの期待の変化

デジタルテクノロジーの進化に伴い、ユーザーの期待も変化しています。新しい機能やデザインパターンに迅速に対応できるUI-UXデザイナーがいることで、常に最新かつ魅力的なプロダクトを提供することが可能です。

3　ビジネス戦略への貢献

UI/UXデザイナーは単なる美的なデザインだけでなく、ビジネス戦略にも深く関与します。ユーザーの行動データやフィードバックを元に、製品やサービスの改善提案を行い、企業のビジョンに貢献します。

4　市場ニーズの把握

ユーザビリティテストやユーザーリサーチを通じて、市場のニーズやトレンドを把握することができます。これにより、企業は市場の変化に柔軟かつ迅速に対応し、競合他社よりも優位に立つことができます。

5　ブランドイメージの向上

良好なユーザーエクスペリエンスは企業のブランドイメージ向上に寄与します。ユーザーがポジティブな体験を得ることで、企業の価値観や信頼感が高まり、顧客ロイヤリティを構築します。

総じて、UI／UXデザイナー職はデジタル時代において企業が持つべき不可欠な要素であり、顧客との関係構築や競争優位性の確立に大きく寄与しています。従って、デジタルプロダクトの成功に欠かせない役割となっています。

#スキルの獲得法

UI・UXデザイナー職に必要なスキルを獲得するためには、幅広い分野にわたる能力を育てる必要があります。以下は、深く考察したUI・UXデザイナーに必要なスキルとその取得方法です。

1　デザインツールのスキル

・取得方法：Adobe XD、Sketch、Figmaなどのデザインツールを実際に使用し、プロジェクトを通して経験を積むことが重要です。オンラインのチュートリアルやコミュニティに参加し、実践的なスキルを身につけましょう。

2　ユーザーリサーチ

・取得方法：ユーザーリサーチ手法やツールに精通し、実際のプロジェクトでユーザーとの対話や調査を経験します。ワークショップやフィールドスタディなど、実践的な経験が重要です。

3　情報設計

・取得方法：情報の整理と構造化に関する知識を深め、プロジェクトを通じて実践します。複雑な情報をユーザーフレンドリーに整理する能力を高めるために、実際のデザイン課題に取り組みましょう。

4　コミュニケーションスキル

・取得方法：プロジェクトメンバーとの円滑なコミュニケーションが不可欠です。プレゼンテーションスキルやデザインの意図を適切に伝えるスキルを磨くために、デザインレビューやミーティングに積極的に参加し、フィードバックを受け入れましょう。

5　心理学的な理解

・取得方法：ユーザーの心理的な側面を理解するために、心理学の基本を学びます。ユーザビリティテストやユーザーフィードバックを通じて、ユーザーの行動とニーズを深く理解します。

6　テクノロジーへの理解

・取得方法：最新のテクノロジーの動向やウェブ開発の基礎知識を継続的に学びます。デザインが技術的に実現可能かを理解し、開発者との協力関係を築くことが重要です。

7　ポートフォリオの構築

・取得方法：実際のプロジェクトや個人プロジェクトを通じて作成したデザインの成果物をまとめたポートフォリオを構築します。ポートフォリオは自己ＰＲの一環となり、求人選考時に重要な要素となります。

以上のスキルをバランスよく組み合わせ、実践的なプロジェクトで経験を積むことが、ＵＩ／ＵＸデザイナーとしてのスキルを効果的に磨く鍵となります。

#想定先転職企業

ＵＩ／ＵＸデザイナーは主にテクノロジー企業、Ｗｅｂ開発会社、デジタルマーケティングエージェンシー、製品開発企業などで活躍します。また、大手ＩＴ企業やスタートアップ企業もＵＩ／ＵＸデザイナーを積極的に採用しています。

#想定年収

ＵＩ／ＵＸデザイナーの年収は経験や企業の規模により異なりますが、初めてのポジションの場合、20歳代から30歳代の範囲で約４００万円から７００万円程度が一般的です。経験を積みながらスキルを高めることで、年収も上昇する傾向があります。

⑤ＰｄＭ（プロダクトマネージャー）

#職種の内容

ＰｄＭ（Product Manager）職は、製品やサービスの開発からリリース、マーケットでの成功までを管理する職種です。

ＰｄＭは製品のビジョンを明確にし、開発方針を策定し、クロスファンクショナルなチームをリードして製品を市場に投入します。製品の全体的な戦略やビジョンを持ち、それを具現化するために戦術的なプランを策定します。主にＳａａＳやアプリサービスなど新しいサービスを立ち上げるときに必要とされる職種です。

#必要性・将来性

ＳａａＳやアプリなどは参入障壁が低く、数多くの類似サービスが生まれています。

そのため、他社と差別化されたサービスの立ち上げや、実際にサービスを立ち上げた後もクライアントやユーザーのロイヤリティをあげることを目的にＰＤＣＡを回しながら、サービスの改善を行なっていく必要があります。

そのためには、マーケやエンジニア、デザイナーなどを束ねていくマネジメントスキルも必要とされ、ＰｄＭは、非常に稀有な人材といえます。

#スキルの獲得法

そのようなＰｄＭになるために必要なスキルや知識は、多岐にわたります。

1　製品開発の知識

製品のライフサイクル、アジャイル開発など、製品開発に関する基本的な知識が必要です。

2　市場分析とマーケティング

市場動向や顧客のニーズを分析し、それに基づいて製品戦略を構築するマーケティングスキルが必要です。

3　リーダーシップとコミュニケーション

クロスファンクショナルなチームをまとめ、リーダーシップを発揮できる能力が求められます。

また、効果的なコミュニケーションも不可欠です。

4　戦略的思考力

製品の長期的なビジョンや戦略を策定し、実行に移す戦略的思考が必要です。

5　技術的理解

技術的な側面を理解し、エンジニアリングチームとの円滑なコミュニケーションをとる能力が求められます。

#想定先転職企業

ＰｄＭ職は主に、ＳａａＳ系企業、アプリサービス企業、広告代理店、コンサルティングファーム、制作会社などで求められます。

#想定年収

ＰｄＭの年収は企業の規模や経験により異なりますが、新規立ち上げのフェイズのＰｄＭ場合、30代でも１０００万以上の待遇は十分に期待できます。

メンタル崩壊、休職
勤務に空白期間…

5章

ハイレベル人材だけが知っている8つの成功Tips

「頑張っているのに安月給地獄」を抜け出そう

私は今まで「年収がすべてではない」と言ってきました。

いくら年収が高くても、多忙のあまり体を壊したり、人間関係が悪化してしまったのでは、幸福とは言えないからです。

では安月給がいいのかと言えば、そんなはずはありません。

多忙なうえ給料が安かったら、幸福になる要素はゼロです。

しかし残念ながら、現在のデジマ人材の中には、非常な激務にもかかわらず、それに見合う収入が得られていないという方もたくさんいます。

これは、頑張れば頑張っただけ不幸になってしまうという構図でしょう。

ここで、そのような方の例として、中堅の広告代理店で広告運用の担当をしているGさんの例を紹介しましょう。

Gさんは、別の大手広告代理店から受注した運用型広告の設定、運用、レポーティングを、約30社分、担当しています。

ルーティンワークとして、毎週月曜日は前週のレポート作成。火曜日から金曜日は、毎日、広告予算の消化状況を確認し、消化しきれていない場合は単価調整などで対応します。

このほかにも新規広告の設定、原稿の変更など、イレギュラーな事案も次々に発生するために、どうしても残業も多くなります。

年収は、月30時間の残業を含む年棒制で、約３００万円。

会社からは利益率が低いため効率的な作業を求められていますが、Gさんのいる広告運用チームは未経験者が多いためトラブルも多く、クライアントに対しての謝罪や対応策にも追われる日々で、効率的な作業も現実には難しく、社内は非常に暗い雰囲気です。

チームメンバーの退社も相次ぎ、その引き継ぎをするためにGさんはどんどん仕事が増えていくという悪循環になっていると言います。

Gさんの場合、会社に改善を求めても、それが実現することはほとんど期待できません、経営者に労働環境を改善する意志や余裕があるなら、このような厳しい状況になる前に手を打っているはずだからです。

このような会社の経営者は「不満ならやめればいい。社員の代わりはいくらでもいる」という考えの持ち主も多く、社員は延々と安月給で過重労働を強いられるということになってしまうのです。

Gさんがこの安月給地獄から抜け出すための解決策として一番の近道は、転職しかありませ
ん……。

いかがでしょうか。

「こんなひどい会社があるのか？」と思われるかもしれませんが、このような会社は実在します。

個人的な意見ですが、私は、そのような会社からは一刻も早く逃げ出すことが、大切だと考えています。そして、もしGさんのような境遇の方が転職を考えているのであれば、会社選びには、以下の点に気をつけてください。

1　利益が出やすい業種を探す

「テレビはオワコンだ」などと言われますが、それでもテレビ局、特にキー局と呼ばれる局の社員は非常に高給です。30代で年収2000万円近くという人も珍しくありません。それはテレビ局が免許事業で規制によって守られているために、一般的な競争が起きづらく、結果、高い利益率を維持できるイコール高年収が可能になるというわけです。

反対に、粗利が数%という小売業のような利益幅が薄い業種では、高い給料をもらえるという構図にはなりづらいです。

ではデジマの場合、利益率が高いのはどのような業種かというと、広告会社やコンサルなど、いわゆる事業会社を支援していく会社です。どうしてもメーカーや小売などにこだわりがある方はともかく、給料に不満があり、同じ職種で転職して直近の年収アップを目指すという方であれば、利益率のよい業種を選びのもポイントのひとつです。

2　キャリアチェンジをする

もうひとつはさらに抜本的な変更です。

上記のGさんのようなコストセンターで働く相談者が来たら、私ならキャリアチェンジをすすめます。

前にもお話しましたが、コストセンターでの職種の場合、どんなにがんばっても年収には早い段階で限界がきます。そうであれば、そのがんばりを、いま稼げる職種へのキャリアチェンジに振り向けたほうがはるかに生産的でしょう。

広告運用のようなコストセンター部門にいる方であれば、営業職にチャレンジしてみる、などの方法です。

あるいは自己投資のつもりでデータ分析について勉強して、データマーケターの職を探すというのもよいでしょう。

そんなに簡単にキャリアチェンジできる能力がないと心配であれば、転職エージェントのような人材のプロに相談してみてください。

きっと、自分に合った職や、強みの伸ばし方を教えてくれるはずです。

いずれにせよ、安月給地獄で耐えていてもいいことはありません。

いち早く抜け出す方法を決め、実行に移しましょう。

退職時の「神対応」が明日の人脈をつなぐ

「立つ鳥跡を濁さず」という諺があります。

私も、無事転職先が決まり、ひと安心している相談者には必ず、「いまの会社でしっかり引き継ぎをして、取引先にも挨拶をして、いい雰囲気のなかで惜しまれるように退職してくださいね」と伝えています。

ＳＮＳや名刺交換アプリなどで、個々人がいつまでも繋がり、しかもその繋がりが思わぬところでほかの繋がりと結びつくような現在、悪い評判はあっという間に広がっていきます。

「上司に辞表を叩きつけて、そのまま辞めたらしいよ」
「しばらく姿を見ないと思ったら、いつの間にか辞めていた」
「大切な商談が進んでいたのに、何の挨拶もなくいなくなったなあ」
など、よくない辞め方をした人の話は、面白おかしく、しかも尾ひれがついて伝わっていきます。

新しい職場で心機一転がんばろうと思っている矢先に、そのような噂を立てられるのはデメリットでしかありません。

ブラックな会社で、散々疲弊した末に退社するのであっても、最後はにこやかに「今までお世話になりました」と挨拶してまわりましょう。

人間は、最後の場面が一番印象に残っているものです。

「こんな会社、二度と足を踏み入れたくない」と思いながらでも、きちんと挨拶をして退職しましょう。

私の知人に、あるデジマ企業の事業部長がいます。

その方は前職を退職したあとに、義務でもないのに20日間ほど出社して、引き継ぎや普通に仕事をしたりしていました。

もちろん退職しているので、無給です。

「どうして、そのように無給で働かれたのですか？」

そう尋ねた私に、その方はこう答えました。

「いや、いずれ、取引先を紹介してもらうことがあるかもしれないでしょう。せっかくだったら、お互いに気持ちいい関係でいたいですからね。できるだけのことはしておきたいと思ったんですよ」

辞め際、去り際というのは、人間性の出る場面なのです。

もうひとつ、いい関係を保ちながら退職したほうがいい理由として、最近はやりつつある「アルムナイ採用」という採用方法があります。

一言でいえば、これは一度退職した会社に戻ってくる「出戻り」です。

ＳＮＳなどでいつまでも繋がりが続く今の時代ならではの採用方法ですが、当然、関係性がよくなければ声がかかることはありません。

いったん外に出て新たな知見を得て、また元の会社で存分にやってみたいと思っても、関係が悪かったらとてもアルムナイ採用などは実現しません。

ちなみに僭越ですが、私たちのような転職エージェントを利用して転職をした場合でも、お世話になったエージェントとの関係も大切にしておくことをおすすめします。

転職先でこんな仕事をしている、こんな役職についた、昇進したなどの連絡をもらうと、やはり嬉しいものです。

もしその方が再度転職のために相談に来られたら、次の企業へ応募するときにも、より熱が入ってキャリア相談に乗る気になります。

最後はやはり人間関係です。

退職時の対応で、その後の運命も変わってきます。

ぜひ「退職時の神対応」を心がけてください。

選ぶべき「業界・会社・働く環境」は必ずある

「デジマ業界は変化の激しい業界」という場合、そこにはいろいろな意味があります。

テクノロジーの進化によってもたらされるスピード感にあふれた変化、ゆっくりと進む産業構造的な変化、成長に向かう変化、その反対に次第に廃れていく変化などなど……。

デジマ業界では、日々パラダイムシフトが起こっている――。

個人的な感覚ではありますが、いろいろな企業の方と話をしていると、そのような思いにとらわれます。

現在から単純な延長線を引いても、本当の未来は見えてこない。デジマ業界とは、そのような業界だと思います。

少し抽象的な話になってしまいましたが、私がいまデジマ業界に身をおいている皆さんに伝えたいのは、現在いる場所が、一見、安心・安定しているところだとしても、一度、違う場所を体験してみるのもいいのではないかということです。

例えば、いまの仕事が世界的ブランドをクライアントにした、デジタルマーケティングのサポートだとしましょう。

誰でも知っているクライアントでイメージもいい。グローバルな展開をしているので、仕事の規模も大きい。ユーザーの反応も手に取るようにわかり、施策がうまくハマったときには大きなやりがいを感じる――。

このような仕事は、ある意味、デジマ業界でのキャリア形成において到達点のひとつだと思います。

ただ、到達点ということは、言い換えれば完成形でもあります。

そこから大きな成長や変化がないとは言いませんが、時代を変えてしまうダイナミズムは感じられないようにも思います。

世の中を自分たちの力で変えていけることとは、デジマ業界の魅力のひとつです。

そうであれば、そのような変化の激しい場所で働くことを選ぶというのも、まさにデジマ人材の醍醐味ではないでしょうか。

そう考えたときにおすすめの業界のひとつが、医療業界です。

医療業界はいま、遠隔医療の広がりや電子カルテの普及、健康アプリの急増など、デジタル化が進んでいます。

そこに不足しているのは、エンジニアはもちろんですが、ビジネスベースで既存の医療システムのデジタル化を進め、それを使いやすく設計し、広めていくデジマ人材です。

実際、優秀なデジマ人材が医療関連のデジマ企業に移っていく事例が後を絶ちません。私の知人でアプリ開発会社の役員をしていた方も、「これからは医療だよ！」と言って、活躍の場を移していきました。

このような転職は、具体的なデジマのスキルがないと難しいかもしれませんが、デジマ未経験の人材でも、デジマ業界の成長スピードを体感することができます。

例えば、AIやロボティクスなど、急激な成長を遂げている最先端テクノロジーの現場では、いま、法人営業の経験者が求められています。

最先端のテクノロジーを持っている会社は、高度な技術力はありますが、それをビジネスにしていくメンバーが足りていないケースがあります。

せっかくプロダクトをつくっても、それを売っていかないことには開発も続けられません。

そのために、法人営業のノウハウを持った人材を、皆必死に探しているのです。

そしてそのような人材に求められるのは、法人営業の本質的な部分をしっかり把握していることです。今までどのような商材を扱っていたかということは、大きくは関係ありません。つまりデジマ業界は未経験であっても、自分が今持っているスキルで、時代の最先端に関わる仕事ができるというわけです。

凪のような会社で落ち着いて仕事に取り組むのもいいですが、高さ数メートルの大波に乗って仕事をしてみるというのも、キャリア形成の上で大きなメリットがあると思います。そしていまのデジマ業界であれば、そのような場所をいくらでも見つけることができるのです。

「転職エージェントとの出会い」があなたの人生を決める「幸せな転職」を叶えるエージェントの見抜き方

私の相談者の中には、まったく別の業界から大手デジマ企業への転職を決めた方もいらっしゃいます。

そのような方々は、非常に行動力があったり、優れたリーダーシップを発揮してチームを成長させたり、あるいはコミュニケーション能力が抜群にすぐれていて顧客開拓に大きな力を発揮したりと、際立った強みがあることが多いと思います。

ただし、そのような方であっても、ミスマッチな転職をしてしまうケースは少なくありません。

主な理由は2つあります。

まず、採用する企業側の見極めが甘いということ。「大手企業にいた人だから」「高学歴だから」「人柄がいいから」という理由で採用しても、企業が必要としているスキルや能力を持っているかどうかは別問題であり、採ってみたら期待していた人とは全然ちがっていたということもありえます。

そしてもう一つは求職者側の問題です。

自分が入社を考えている企業や仕事の内容、ポジションなどについてのリアルな情報は、ネットなどでもなかなか見つけることはできません。結果的に情報不足のまま入社することになり、実際に仕事を始めてみて、「こんなはずではなかった」となってしまうのです。

このように入社後に後悔しないためには、その会社が、過去に自分と同じような人を採用してうまくいっていたのか、また自分がつこうとしているポジションには問題がないかなど、確認しておくべきでしょう。

そしてその確認のためには、どうしても転職エージェントの力が必要になるのです。

では、自分の人生を託すのに相応しい転職エージェントか否かを見抜くには、どのような点に注意したらよいでしょうか。

私は、優秀な転職エージェントに必要な資質として「人の強みを掘り下げていく力があること」「人の話を丁寧に聞く力があること」「専門分野での知見があること」があると思っています。

「人の強みを掘り下げていく力があること」ということとは、相談者が持っている力をどれだけ普遍化できるか、ということです。

例えば前職で、成績不振で解散寸前の事業部の責任者を任されたところ、じわじわと部下のモチベーションを上げ、見事に黒字転換したような方の場合、そのリーダーシップやマネジメント力の本質を見抜き、その力をデジマの現場で活かす方法について、人材を探している企業側に提案できる力です。

異業種からの未経験者をデジマ企業とつなぐ場合には、特にこの力が必要になると思います。

「人の話を丁寧に聞く力があること」とは、自分の意見を相談者に押し付けるのではなく、相手の話をよく聞いて本当に望んでいることは何なのか、相談者とともに考えることができる力です。
エージェントの仕事は、人材を欲しがっている企業に、ただ人を送り込むことではありません。相談者の希望が叶い、幸福になれる仕事を紹介することです。

そして「専門分野での知見があること」も欠かせません。デジマ業界に限った話ではありませんが、どの業界にも特有の文化や習慣があります。そこを知らなければ、例えば「デジマ業界の営業とはどのような仕事をするのか」「労働環境はどの程度整備されているか」など、未経験者に納得のいく説明をするのは難しいでしょう。

私は、このような資質のあるエージェントこそ、信頼に値すると思っています。

そしてもうひとつ肝心なのは、エージェント自身が「エージェント」という仕事について意欲があるのか、そして相談者のことをどこまで真剣に考えているかということです。
それらを見抜くためには、以下の3つの質問が有効です。

この3つにしっかりと答えられれば、そのエージェントは意欲があり、相談者のことを真剣に考えていると判断できます。

まず、相談のはじめで、

「○○さん（エージェントの名前）は、なぜ転職エージェントの仕事を選んだのですか？」

「この業界は、5年後どのようになっていると思いますか？」

と、聞いてみてください。

エージェントの意欲、知見がここでわかります。

そしていろいろと転職先を紹介されたら

「○○さんなら、どのような選択をしますか？」

と質問をしてみてください。

そのエージェントが、決めたい採用企業側の都合を前面に出してくるエージェントもまた、疑問符がつきます。もっとも大切なのは、相談者の考えであり、幸福だと私は思うからです。

転職エージェントはひとつではありません。

自分に合った、よりよりエージェントを見つけてください。

転職者の7割が気づいていない「セルフブランディング」の重要性

ＳＮＳでの不適切な投稿を見られた就活生が、内定を取り消されたという話を耳にします。しかし転職を考えている現役社会人にとっては、それを「若気の至りだねえ」などと笑っている場合ではありません。

年齢や社会人としてのポジションは関係なく、ブログやＳＮＳでの投稿内容が理由で採用が決まらなかったり、内定が取り消される可能性は十分ありえるからです。

書類を見たり、面接で話しただけではわからない応募者のふだんの姿や考えを、企業側は知りたがっています。企業の採用担当者は、応募者のリアルな実態を知るためにも、ＦａｃｅｂｏｏｋなどのＳＮＳやブログは、まず確実に見ているものと思ってください。

そして転職者の場合、社会人経験がある分、ビジネスパーソンとしての常識の有無など、新卒の学生よりも厳しい視線で見られると考えておいたほうがよいでしょう。

しかもデジマ業界という性質上、ＳＮＳは適切に使いこなせて当然という認識です。特にソーシャルな関係性を維持できているか、セキュアな考えを持っているかという点は重視されるものと思ってください。

ではここで具体的に、ＮＧな発信内容の例を紹介しましょう。

・安易にクライアント名を書き込む

ＩＴ業界では、プロジェクトにかかる前には一般的にＮＤＡを結びます。「守秘義務」という意識が高いのが、デジマ業界の特徴でもあります。そのため、現職がそのような意識が薄い業界だとしても、安易にクライアント名やプロジェクトの内容を投稿していると、デジマ企業からは「セキュアの意識が低い」と判断されても止むを得ません。

・公序良俗に反する書き込み

気に入らない相手に対する脅迫や犯罪をほのめかす文章、あるいは卑猥な内容のものは、転職云々以前に、常識のある社会人として論外です。ただ、普段はそのような投稿はしない人であっても、酔っていたり仲間内で盛り上がっているときなど、つい軽い気持ちで書き込みしてしまうこともあります。そのようなことのないよう、注意してください。

・内輪ネタ

友人・知人間だけでわかるような内輪ネタも、たまにならともかく、そればかり発信しているというのも、交友関係に疑問を持たれるかもしれません。また、特にプライベートな話を公の

ＳＮＳで公開してしまうことについては、セキュアな感覚の有無を問われる可能性もあります。
その反対に、好感が持たれる発信例は次のようなものです

・ポジティブな業界ネタ

例えば「これからはＣｈａｔＧＴＰがくる！」という内容で、自分が実際にＣｈａｔＧＴＰを使ってみて感じたことや将来予測などをポジティブに書くことは、多くの人にとってメリットになる情報です。さらに先端的な事柄について勉強もしているということがわかるので、好感を持たれるでしょう。

・講演での登壇、メディアへの登場歴は積極的に伝える

ＳＮＳやブログではありませんが、業界のセミナーで講師を努めた経験、あるいはメディアに取材を受けたり発言が取り上げられたということがあれば、それは高い信頼度の証明になります。積極的にアピールしましょう。

いい例・悪い例についていろいろと紹介してきましたが、それでも不安であれば、少なくとも転職先が見つかり実際に働き始めるまでは、ＳＮＳなど非公開にするというのも一手です。

誰もが自由に発信できる現代、よいイメージも、その反対に悪いイメージも、簡単についてしま

います。自分がどう見られているかという点について、しっかり意識することをおすすめします。

「職務経歴書」は実績よりも「企業の求める人材」であること

自分の中では職務経歴書も面接も完璧なはずなのに、なぜが内定をもらえないという方はいないでしょうか?

そのような力に見直していただきたいのが、「職務経歴書や面接で、自分は企業が知りたいことを伝えているか?」ということです。

職務経歴書も面接も、応募者が自分のことを企業にわかってもらうためのものではありません。「自分がは企業が必要としている人材であること」をわかってもらうための書類であり、場です。

そこを間違えると「しっかり自分を出せたはずなのになかなかうまくいかない」ということになってしまうのです。

どのようなことか、具体的に説明しましょう。

まず職務経歴書ですが、ここではアピールするべき能力の順番が決まっています。

それは企業の求人票にある「求める能力」を見るとわかります。ここに書かれている順番が、企業が重視している順番なのです。

例えば、求職者に求める能力として「1　営業力」「2　語学力」「3　技術力」と書かれていた場合、重要視されるのは営業力となります。

まずはそこを漏れなく記載する必要があります。

ですから「営業力はイマイチだけど技術力には自信がある」という方が、自分の技術力がいかにすぐれているかということを職務経歴書に数多く書いたとしても、企業側にはあまり響かないのです。大切なことは、企業の求めるものをきちんと記載する、アピールすることです。

とはいえ、営業力に自信がなければ、応募すらできない、というわけではありません。

このような場合であっても、「自分には技術力は十分ある。そしてさらに営業力をつけていくために、この職種を選んだ」という意欲をしっかりアピールできれば、「この人は、営業力がつけば鬼に金棒な人材になる」と判断され、企業側の採用意欲もあがってきます。

自分の経験の中から営業に関連してアピールできる点を見つけ出し、それをしっかり職務経歴書の冒頭で書きつくすことで、道が拓ける場合もあります。

また面接の場での自己紹介も同様です。

そこで語るべきことは、最も影響をうけた出来事や経験ではありません。

新卒の面接ではないのですから、自己紹介で語るべきことは、求人票にある「求められる能力」に即した経験です。

そして、面接で話す自己紹介と職務経歴書に書かれている能力に齟齬がなければ、完璧と言えるでしょう。

少なくとも、技術力を集中的にアピールして、営業力についてはスルーしてしまうよりは、企業側の印象はよくなります。

また、もし企業が求めるスキル・能力がデジマ領域に関することばかりだった場合、業界未経験者には太刀打ちできないのでしょうか。

これも実は、そうとは限りません

よく「○○の経験が2年以上ある人」という条件がつけられた求人票もありますが、それは、そのように書いておかないと応募者が集まりすぎてしまうので、あえて厳しく記載しているケースもあるのです。それは、「必要な能力」についても同様です。

転職は需要と供給で成り立っています。喫緊に人材が欲しいポジションであれば、要件は広くして採用するケースも数多くあります。

こういったリアルな情報は、残念ながら長らく更新されていない求人票には記載がありません。最新の情報をきちんと持っている転職エージェントに相談してみてください。それによって、非常に狭いパスを抜けていける可能性もありえます。

ぜひ次回の応募からは、いまお話した点を意識してみてください。

採用担当者が知りたいのは「数字」に裏打ちされた実績

前項で、職務経歴書に書くべき内容について説明しました。

ただし、企業にアピールするためには、「その実績をどのように伝えるか」も重要なポイントです。この伝え方をできるか否かが、採用・不採用の分かれ目になるケースも数多くあります。

では、その伝え方とは何かと言えば、「実績は数字で伝える」ということです。

例えば、実績を紹介した次に2文のうち、どちらがより説得力があると思いますか？

Ａ「会員登録者数増加のため、リーダーとなってキャンペーン施策を主導。開始後３ヶ月で会員数約倍増を達成。商品販売増にも寄与」

Ｂ「会員登録者数１５０％増を達成するために、５月〜７月の３ヶ月にわたり、ＳＮＳ３種でキャンペーン広告を展開。その結果、約１００万人だった会員数を１８０万人まで引き上げ、目標超えを達成。さらにキャンペーン施策に伴う店頭販売も約15％引き上げることができた」

ここはやはり、納得感があるのはＢでしょう。

同じことを言っていても、数字を出したほうが具体性があり、また、応募者の能力を測ることができます。

一言で「増えた」といっても、１割増か、５割増かで、応募者の実力には差があります。数字で実績を見せられるということは、それだけで能力に自信があるということであり、また、企業側にとっても、応募者がどのような結果を出せる人材なのか目星がつき、論理的な候補者であると想像がつきます。

プレゼンの資料をつくるときには、「売上○％増」「コスト○％削減」と具体的な数字を入れなければ、クライアントは振り向いてくれません。

それと同じことです。
応募者にとって求人への応募は、自分自身を高く売り込むプレゼンの場です。どうしても定性的に記載せざるを得ない場合以外、実績は、極力数字で表現してください。

そして、求められている実績を数値で表すことが難しいと感じたら、一度冷静に、自分の実績を棚卸ししてみてください。

例えば営業力が求められているにもかかわらず、具体的な成約数や金額を明示できない場合、単に「○○の営業を担当」と書くのではなく、その活動の過程で発生した訪問件数や、相手企業に実施したコンサル数など、プラスの材料になるものをすべて数値化するのです。

そうすれば、営業での成約数や10件程度だとしても、アタックした企業は１００件以上、コンサル・ヒアリングの回数は数百回におよぶという、かなり大きな数字を示せることは少なくありません。

そして、その膨大な活動の結果10件成約させ、さらに現在では確度の高い商談を30件ほど抱えているということもアピールできるかもしれないのです。

実績は、何をおいてもまず数値化。このことを忘れないでください。

6章

初心者がハマりがち！
避けるべき〝転職トラップ〟

デジマ業界の「思わぬ落とし穴」を知っていますか？

年収2倍を実現しながら、残業ほぼゼロ。社内の人間環境は良好で、プライベートも充実している。そのような転職が実現できたら最高ですよね。

まさに夢のようです。

しかし、とても残念ではありますが、デジマ業界で、こういった理想を叶えている人はそれほど多くありません。なぜならば、デジマ業界には、デジマ人材のウェルビーイング向上を阻害する〝落とし穴〟が存在しているからです。

その〝落とし穴〟とは、相談者を大切にしない一部の転職エージェントです。

成果第一主義に偏った転職エージェントが、「稼げる×幸せなデジマ人材」になる道を阻んでいるケースが、決して少なくないのです。

転職市場は、1件の転職の成立ごとに、企業から報酬が支払われる「成果報酬制」です。

そのため、報酬額の多い求人に求職者を無理やりねじ込む転職エージェントが少なからずいるのです。

「こんなに好条件な求人はありません！」

「きっと、○○さんも活躍できるはずです！」

こういった甘い言葉に惑わされてミスマッチな職場に転職してしまうと、きっと後悔するでしょう。

私も、転職エージェントの言葉を信じたばかりに心身ともに疲弊してしまった方を、何人もみてきました。

条件や年収、企業名……転職エージェントの一方的なすすめだけで転職を決断しないよう気をつけましょう。

話を聞いていて少しでも「ウラに何かあるのでは？」と思ったときには「なぜ、そんなに好条件なポジションなのに応募者がいないのか？」を転職エージェントに聞いてみてください。「高収入だが、残業100時間オーバー、きついノルマの会社」などの実態が浮き彫りになることがあります。

それでも判然としない場合には、別のエージェントに「このような好条件の会社があるが、どう思うか」と、セカンドオピニオンを求めるのもひとつの方法です。

良心的なエージェントであれば、率直な意見を述べてくれるでしょう。

稼げるだけでなく、プライベートも充実した人生を歩めるか。

良い転職エージェントとの出会いは、このことを左右する大きなポイントです。

そこで、自分の成績ばかりでなく、求職者の「ウェルビーイングな人生」も応援してくれる転職エージェントを見分ける方法を紹介しましょう。

相談者の話もあまり聞かないうちから大量の求人票を見せてくるエージェントの場合、その意見は鵜呑みにしないように気をつけた方がいいかもしれません。

先に書いたように、転職エージェントは転職を成立させて初めて売上が立つというビジネスモデルです。

そのため、過度な求人提案や急ぎのクロージングなどは、そのような背景もあるということを理解の上で、話を聞くことも大切です。

例えば、なかには「50分の面談で10件の求人票を見せ、3件はエントリーさせる」というノルマが設定されている転職エージェント会社もあるようです。

もちろん、そのようなエージェントすべてに悪気があるというわけではありません。中には「一刻も早く再就職先を見つけてあげることが求職者にとっての幸せになる」という、自分たちなりの善意で動いているエージェントもいます。

問題なのは、その善意が、必ずしも求職者のためになるとは限らないということです。

だからこそ自分の幸せを叶えるためには、すべてエージェントの言う通りに動くのではなく、セカンドオピニオンやＷＥＢでの口コミなども確認しながら慎重にすすめていくことをおすすめします。

ぜひ自分にあった頼れる転職エージェントを見つけて、実りある転職活動を続けて欲しいと思います。

「ダイレクトスカウト」でまさかの年収ダウン

テレビＣＭでよく見かける「企業から直接スカウトが来る」が売りのダイレクトスカウト。

ダイレクトスカウトには、ＣＭのような専門の人材サイトに登録してスカウトをもらうケースばかりではなく、ＬｉｎｋｅｄＩｎやＦａｃｅｂｏｏｋ、あるいはＩｎｓｔａｇｒａｍのメッセンジャーで企業の人事担当者から直接連絡が来るなど、いろいろなパターンがあります。

担当者から直接「ウチに来ませんか?」と言われれば「自分の能力が注目されているんだ」と、嬉しくなるのは当然です。

しかも相手が、誰もが知っている大企業だったとしたら、まさに得意満面でしょう。その気持ちはよくわかります。

しかし、ここでぬか喜びをしていると、あとで思わしくない結果につながることもあるので注意が必要です。

実はダイレクトスカウトの場合、思ったほど年収があがらない、あるいはむしろ下がってしまうケースもあるのです。

その大きな理由は、個人では、なかなか年収の交渉ができないという点にあります。

例えば大企業からスカウトが来て面談が進み、いざ内々定が出たとしましょう。

そのとき、当初から「希望年収は800万円」と伝えていても、結果「800万円という希望だったけれど、一般的には700万円前後なので、ウチでもそのくらいでお願いしたい」と言われてしまうケースが少なくありません。

転職エージェントであれば、多くの企業を見ており、職種やポジションからおよその年収もわかりますし、求職者が優秀な方であれば、その候補者がどれだけ貴重なのかを企業側に説明し、年収交渉が可能です。しかしご想像の通り、個人の場合はそれは難しいことです。

しかも、その会社が誰もがうらやむような大企業だったり、あるいは現在ブラック企業で働いていて一刻も早く抜け出そうとしている場合だったりしたら「ここでゴネたら話がなくなるかもしれない」と、特に交渉せずに我慢するという方が多いのではないかと思います。

このように、提示された年収に多少の不満があっても、交渉をしない、あるいはしづらい。それがダイレクトスカウトの場合の落とし穴ですなのですが、私は「そんな遠慮をしていないで交渉すればいいのに」と感じてしまいます。

そもそも中途採用の場合、新卒のようなカッチリとした給与テーブルに当てはまるのではなく、経験者採用ということで、その方の実力に応じた条件を出してくれるものです。

採用は需要と供給で決まるので、その会社がどうしてもすぐに人が欲しい！という場合には年収交渉がうまく進むこともあるし、求人を急いでいるわけでなければ、交渉が難航するというケースもあります。

ただし、あまり入口の段階で年収を高く上げてしまい、入ってから実力不足だったりしたら、社内での期待値が下がってしまうケースもあります。一方、年収ダウンで入社しても、しばらく働いているうちに給料があがり、最終的に当初希望していた年収を達成することも珍しくありません。

いずれにせよ、客観的に、現在の自分の適正年収を知ることは、なかなか難しいものです。ですから、もし条件交渉を必要とする場合は、最初からエージェントを入れておくのが無難でしょう。

採用企業側も、エージェントに払うコストがかかっても、候補者との年収交渉をしてくれたり、クロージングを手伝ってもらえるというメリットがあるので、エージェントを通すことが転職内定にネガティブに働くことはまずありません。

ですから、ダイレクトスカウトが来てもすぐに反応するのではなく、転職エージェントに相談をするのが、成功する転職の一つの手段となります。

繰り返しますが、年収は転職では重要な要素の一つです。

世間の相場として、自分の年収はどのくらいの額が適正なのかをきちんと把握することが大切です。そのためには、転職エージェントや年収相談サービスなどを利用して自身の年収を確かめてから、年収交渉をすることをおすすめします。

ただし、先にもお話したように、転職での入り口は、先方の期待値を調整するためにも、あまり高望みせず適正な条件でスタートし、入社後活躍して年収をアップしていくことをおすすめします。

自分の希望に合った転職エージェントの選び方

転職エージェントのビジネスモデルは、転職の成立によって企業から支払われる成功報酬が売上となる、というものです。一般的には、転職者の年収の20%~35%が相場です。

したがって、売上だけを考えるなら、転職エージェントの会社にとっては、次々に転職希望者を入社させる転職コンサルタントこそ「優秀」なコンサルタントです。また、転職を成功した場合のボーナスが転職コンサルタントに入るというケースもよくあります。

どんどん契約を取ってくる営業マンの給料やインセンティブが高いというのと同じことです。

そのため、自分の成績をあげようとする転職コンサルタントの中には、転職希望者が来ると「○○さん、最近は企業側も採用条件が厳しくなってきて、なかなか書類が通りません。だから、できるだけ早く、多くの会社にエントリーすることが転職を成功させるコツです。まずは30社くらいエントリーしてみましょう」などと、とにかく大量のエントリーを急がせるようなこともしばしばあります。

できるだけ短時間で、より多くの転職を成立させることが、自分の成績を上げるためには必要な手法だからです。

また、このような転職コンサルタントがエントリーを急がせる理由として「エントリーは早いもの勝ち」という、この転職業界の課題があるのは否めません。

例えば求人を出している事業会社A社に対して、まず転職エージェントB社の候補者がエントリーしたとします。そこへ、そのことを知らない転職エージェントC社がエントリーしようとしても、A社からは「他の転職エージェントからすでにエントリーがあるためお受けできません」と断られてしまうのです。

基本的に、先にエントリーをした転職エージェントに、その候補者のオーナーシップがあります。いわゆる早い者勝ちというルールがあるのです。

そのため、多くの転職コンサルタントは、とにかく早めに、相談者にエントリーさせようとするという動機が働いてしまうのです。

このように、まずエントリー数を稼ごうというのは、現在の転職エージェントのビジネスモデルで利益をあげていくことを考えれば、止むを得ないことだとは思います。

どのような形であれ、転職を成立させることで利益が上がるのですから、そこに注力するのは当然でしょう。

ただそれはエージェントの都合であって、転職希望者の気持ちに叶うことなのかは疑問です。あくまで「相談者ファースト」で、相手が本当に望むことは何なのか、まずはじっくりと話を聞くところから、転職活動は始めるべきというのが私の考えです。

しかしこのような転職の進め方は、どうしても時間がかかります。ですから短期的な売上を求める転職エージェントは、どうしてもそこの時間を多く割けないのが実情としてあります。

もちろん転職エージェントもボランティアではなく、一企業なのですから売上が必要なのは当然です。その点を踏まえてお伝えしたいのは、このような背景や仕組みを理解したうえで、自分にあったエージェントを選ぶべきということです。

自分の方向性や条件が決まっており、早期に転職を決めたいのなら、その条件に合った求人を数多く持っている大手エージェントがいいでしょう。

そうではなく、まずはどのようなキャリアを歩むべきかということからじっくり転職活動したい方は、ブティック型といわれる業界特化型のエージェントが向いています。

デジマ業界には、今後もかなり大きな業界変動があるでしょう。さらに既存のスキルもすぐに陳腐化してしまいます。そのような業界にあっては、ブティック型のエージェントの方が、業界の未来をもきちんと理解できているからです。

そのようなエージェントは、紹介できる企業数は絞られるものの、転職成立数を大手ほど競う必要もないケースがあります。

さらに、そのような小さなエージェントの場合、優秀な人材に出会ったら、中途人材の募集をしていない企業に対して売り込みをかけることもあります。

「ウチに非常に優秀な経営企画の人材が転職の相談に来ています。これからの貴社の戦略を考えると、まさにこのような人材が必要になると思いますが、興味はありませんか?」という具合です。

これは、広く浅く多業種を扱っている人材エージェントでは、なかなかできることではありません。範囲は狭いけれど、業界をしぼり、ひとつひとつの会社の強みや弱点を知り抜いている業界特化型のエージェントだからこそなせる技なのです。

時間をかけてでも相談者と企業をしっかりとつなぎ、このような関係性を築くことができるエージェントと、求人をたくさん保持し内定獲得のスピードが速いエージェント、いま皆さんにフィットするのはどちらでしょうか??

「たった1回のリスケ」が転職成功率を半減させる オンライン面談での「音声トラブル」対策は〝徹底〟が吉

リモートワークが広まったことで、対面での仕事が当然だったころと比べて、服装や身だしなみ、挨拶などのビジネスマナーがあまり気にされなくなったように感じます。

しかし日本能率協会の調査によれば、ビジネスパーソンの約8割がビジネスマナーは必要だと考えており、また約5割がビジネスマナーで不快な思いをしたことがあるそうです。※

そのようなビジネスマナーは、特に転職のように「選ばれる立場」になった場合は、一層注意するべきです。

普段のビジネスでは特に問題にならないことでも、話をする相手が変われば、そうはいかないこともあるからです。

本来のスキルは十分あるのに、ビジネスマナーが原因で、会社側に「この人はビジネスパーソンとして失格だな」「一緒に仕事をしていけるのだろうか」と思わせてしまうのは、あまりにももったいない話です。

そこで、転職活動でやりがちなＮＧな事例を紹介しましょう。

リスケ

日常のビジネスでもリスケは決して好ましいことではありません。１対１のアポイントならともかく、多数の予定を調整したうえでのＭＴＧなどのリスケは、全員に再調整の手間をかけさせることになります。

それでも皆が応じてくれるのは、ビジネス上の立場があったり、仕事を進めるうえでＭＴＧが不可欠だからです。

しかしこれと同じ感覚で、転職の面接などをリスケしたらどうなるでしょうか。

面接は人事担当者だけでなく、通常、現場の社員も参加します。現場の社員は人事に頼まれて、ただでさえ忙しい中、面接のための時間を確保しているわけです。

それを簡単にリスケされてしまうと、人事担当者はまた現場の社員に頭を下げなければならず、現場の方では再度本来の業務を調整して、時間をつくらなければなりません。

一度このようなことがあると、「転職という重要な場面なのに、時間を確保できないのか」「ウチの会社に興味がないのかな？」と不信感をもたれがちで、当然印象は悪くなります。

一度のリスケで転職の話が立ち消えになるということはまずありませんが、大きなハンデを負ってしまったと考えるべきでしょう。

ラフな服装

広告会社のクリエイティブ部門などの場合、服装や髪型は自由なことが多いと思います。髪を染め、Tシャツ姿で出社するというのも珍しい光景ではありません。

しかし企業文化が異なる業界へ転職しようとする場合には注意が必要です。

実際、私の相談者の中に、長髪パーマのデザイナーがいました。無事書類審査を通過し、いざ面接となったとき私は「髪をちゃんとして、服装もスーツにしてくださいね」と伝え、デザイナーもその約束はしっかり守ってくれたようでした。

しかしあとになって人事担当者から「黒瀬さん、◯◯さんて、今日は小綺麗にしていましたが、普段は長髪とラフな格好で、それはなかなかゆずれないのでしょうか？　他のメンバーとあまりにもカルチャーが異なっていて……」という問い合わせが。

その方は、こだわりが特に強いわけではなかったので入社しても問題はなかったのですが、もし、最初に私がアドバイスをせず、いつもの髪型、格好で面接をしていたら、うまくいっていなかったかもしれません。

自由な社風の会社や部署から、お硬いイメージのあるメーカーなどの事業会社への転職を考える場合には、よくよく注意してください。

コミュニケーションに問題がある

相談者の中には、こちらが「○日までに返事をください」とメールをしても、必ず返事が遅くなったり、あるいは返事をしてこない人がいます。

このような人も、やはり不信感をもたれます。

普段は「返事の遅い人」ということで通用しているのかもしれませんが、転職時にはそれはありえません。

「コミュニケーションに問題のある人」と判断されないよう、メールや留守電、あるいはSNSなどで連絡が来たら、間をおかずに返事をしてください。

履歴書の誤字・脱字

履歴書や経歴書の誤字・脱字は、本人が想像する以上に、企業の採用担当者はチェックしています。レポートやプレゼン資料などで誤字・脱字の指摘を受けることが多い方は、特に注意してください。

あと、経歴書作成でやりがちなのが、クライアント名を入れて実績を書いてしまうことです。これは業界にもよりますが、守秘義務違反になる場合もあり、悪印象を与えかねません。実績を書く場合には、クライアント名はふせておくほうが無難です。

オンライン面談の場合は必ずリハーサルをしておく

コロナ禍を機に、オンラインで面談を実施する企業も増えています。その場合、事前に、面談をする場所の確保と、そこでWi-Fiがきちんとつながるか、必ず確認しておきましょう。いざというときになかなかWi-Fiがつながらず面談がリスケになったりしたら、そもそものITリテラシーを疑われます。もはやデジマ人材失格です。

また、使用するツールも、ZOOM、Teams、Google Meetなどいろいろありますが、それも確認しておきましょう。資料共有ひとつとっても、ツールによって方法が違います。そこで手間取らないようにしましょう。

なお面談場所は屋内が原則ですが、やむを得ず屋外になる場合は、不特定多数の人が通らない場所にしてください。かつて私の相談者に、ビルの非常階段でパソコンを広げて面談にのぞんだ人がいましたが、あとで私が企業の担当者から厳重注意をされてしまいました。

場所としては自宅や貸し会議室が理想ですが、それらが難しい場合、せめて静かな公園やカフェなどの落ち着いた場所にしてください。カラオケボックスは静かで安く活用しやすいようです。

いずれにせよオンラインの場合、対面と違って、何かトラブルがあると場をもたせるのが難しいので、本番当日にスムーズに面談ができるように万全の準備を心がけてください。

また万が一の場合に備え、緊急連絡先の電話番号も事前に確認をしておきましょう。

その他注意点

いままであげてきたことのほかに、注意したほうがよい点をあげておきます。

・履歴書、経歴書は、改ざんされないよう、ワードやパワポではなくＰＤＦで送る。

・履歴書などを使い回す場合は、作成日は最新の日付にしておく。最初の日付が残らないように注意。使いまわしに気が付かれたら非常に心象が悪いです。

・たとえお気に入りでも、アニメキャラクターなどの名前を使ったメールアドレスは、転職先との連絡などには使わない。

転職志望者が必死なのはもちろんですが、採用する企業も本気で人を探しています。その本気にしっかり応えていることが伝わるよう、ビジネスパーソンとしての振る舞いに気をつけてください。

※ https://prtimes.jp/main/html/rd/p/000000035.000016501.html

注目度急上昇だが、実は離職率が高い「リファラル採用」

日経新聞の調査によれば、主要企業の2023年の採用計画のうち、いまや4割近くが中途採用だそうです。※ そしてそのなかで注目されているのが、リファラル採用です。※※

本書を手に取っている方であれば、リファラル採用についてはご存じだと思いますが、これは、自社の社員や取引先などから、採用候補者を紹介してもらうという採用方法です。

なかなか自社に合った人材を採用しづらくなっていくなか、信頼できる社員や取引先が紹介してくれる人材なら、きっと優秀に違いない——企業の採用担当者は、そのような思いなのでしょうね。

しかしリファラル採用は、実は離職率が高いということをご存じでしょうか。

〝コネ採用〟のように、本人の能力とは無関係に縁故の力で入社してしまう採用方法とは異なり、リファラル採用は、試験や面接で本人の能力はしっかり見られる……という建前はありますが、やはり〝請われて入社する〟採用方法であり、一般の採用試験とはどうしても違いはあります。

面接にしても、自分の上司や大切な取引先から紹介された相手となれば、すぐに回答しづらい質問などなく、下にもおかないソフトな対応になるのは当然でしょう。

そのようなプロセスで入社すれば、一般採用で入社した社員からは、どうしても「あの人は●●部長の紹介で入った人だよ」「この人は、△△商事のコネで入社したらしい」という視線で見られがちです。

さらにリファラル採用で入社した当の本人が「〝来てください〟と言われたから入社したんだ」という意識丸出しだったとしたら、他の社員とはギャップが生まれるのは当然です。

そして、周囲の期待ほどの成果を出せなかったら、「あの人は結局○○さんの紹介での入社だから」と風当たりが一層強くなり、居心地が悪くなって退社する、というケースが少なくないのです。

また、紹介者が退社したり、別の部署への異動で影響力がなくなった途端に、本人も想定外の部署に異動となるケースもあります。

このようなことが起こるのは、本人の能力やスキルの問題というより、人間関係の問題です。

「自分は請われて入社した」という尊大な態度でいれば、周囲の反発を買うのは当然です。

中途入社の場合は、一般採用であっても、はじめのうちは「一からこの会社のことを学ぶ」くらいの姿勢でいることが必要です。

ましてや、ただでさえ風当たりの強いリファラル採用の場合、必要以上にへりくだることはありませんが、謙虚な姿勢は必須です。

そうして積極的に仕事に取り組み、実力を発揮していくことで、強い風当たりも次第に弱くなり、逆に評価も高まっていくでしょう。

ですから、もし自分がリファラル採用の対象となったとしても、決しておごることなく、まずは周囲の社員と良好な人間関係を築いていくことです。

「能ある鷹は爪を隠す」の心持ちが重要だと言えます。

余談ですが、リファラル採用がここまで広まった理由のひとつに「紹介料」の存在があります。

要は、紹介した知人がリファラルで入社すれば、成功報酬として紹介者にお金が入ってくる、インセンティブを敷いている企業が多くなっているのです。

確かにコストをかけて転職エージェントに採用を依頼するよりは安くつきますが、結果的にうまくいかないケースが増えてきているとなれば、いったいどちらが得なのでしょうね……?

※ https://www.nikkei.com/paper/article/?b=20230420&ng=DGKKZO70335740Q3A420C2MM8000

※※ https://www.nli-research.co.jp/report/detail/id=74655?site=nli

「レイオフ頻発企業」「つぶしが効かない仕事」に注意

少し前の話になりますが、イーロン・マスク氏が買収したＴｗｉｔｔｅｒ社(当時)で大規模なレイオフが実施され、そのニュースは世界をかけめぐりました。

何しろ、報道によれば、約７５００人いた社員が、約２７００人にまで激減したというのですから、「これで事業が継続できるのか?」と疑問に思うレベルです。※

さらにこの解雇はＴｗｉｔｔｅｒ日本法人にも影響があり、日本のデジマ業界にも衝撃が走ったものです。

この一件で「やはり外資系企業は何があるかわからない」と感じた方は少なくないと思いますが、必ずしもレイオフされた全員が露頭に迷ったわけではありません。

スムーズに再就職が決まり、新しい会社で仕事を始めた人がいる一方で、行き場をなくし、困り果てたという人もいるというのが実情です。実際、弊社にも多くの候補者の相談がありました。

では、この明暗を分けたものは何でしょうか。

それは、一言でいえば「専門性」です。

AIやデータサイエンスのような、最先端の技術についての知見があれば言うことはありませんが、そのようなものではなくても、トレンドの技術を使ったシステム開発や最先端のマーケティングのスキルなどがあれば、それを必要としている企業は必ずあります。

そしてそのような専門性は、一朝一夕では身につきません。数年間をかけて体得するものです。だからこそ転職にあたっては安易なキャリアチェンジをしたり、キャリアダウンにつながる選択は避けるべきだと、私は思います。

例えば「マーケティングはだいたいわかったので、次は経営中枢のことを学びたいと思っています。そこで、経営企画の職を探しているのですが」という若手マーケターがいたとしたら、私は、こう話します。

「『経営企画』というと聞こえはいいですが、何をする部署なのか不明確ですよね。実際、単なる資料作りしかしていない会社や、経営幹部の雑用をこなすだけの会社もあります。それは入社してみないとわかりません。そのようなリスクを覚悟で、キャリアチェンジを考えていますか？」

もちろん、上層部の経営判断の材料となる分析や事業計画の提案などをしている本物の「経営企画部」もあるでしょう。

部署名にひかれて入社してみたら、与えられた仕事は自分の成長につながらず、また専門性もないために他の会社では通用しない、いわゆる「つぶしの効かない」仕事である場合もあります。

最近では「〇〇ストラテジスト」「？？エバンジェリスト」「Ｃ×Ｏ」などのように、あいまいな肩書が増えています。

すでに、どこの会社に行っても通用する一定の専門性を確立している方であれば、そのような職種にチャレンジしてみるのもキャリアを広げることにつながるかもしれませんが、まだ自分は研鑽を積む必要があると考えるのであれば、「データエンジニア」「ＣＲＭコンサルタント」など、少なくとも、より専門領域での経験を積める仕事を選ぶことをおすすめします。

とはいえ、その専門性も数年経てば枯渇してしまう領域もあります。

せっかくの転職です。しっかりとキャッチアップしていきたい専門性の価値を見定めて、キャリアアップをして欲しいと思います。

※ https://www.itmedia.co.jp/business/articles/2211/30/news079.html

あとがき――「幸せに働く」のバトンをつないでゆく

一生懸命、キャリアに前向きに頑張っている人が報われる社会にしたい――

私が、本書を通してお伝えしてきたこのような考えを持つようになったきっかけは、大学生時代の経験です。

私が大学に入学して間もなく、父が病気で倒れ、学費や仕送りはストップ。学費や生活費を自分で稼がなければならず、アルバイトに明け暮れる毎日でした。そして4年間で、家庭教師や教材の飛び込み営業をのべ1000件以上こなし、学生にもかかわらず、社員も含めた総合成績で3年連続トップ営業として表彰されるという実績を残すことができたのです。

病気になった父には申し訳ありませんが、いまにして思えば、このアルバイトは、自分の信念をつくるうえでいい経験になりました。

何かのきっかけがあれば、人は頑張り続ける力と強さを自分のものにできること、そして、その頑張りは必ず報われることがわかったからです。

この体験があったからこそ、私はウィンスリーを立ち上げて「キャリアに前向きに、真面目に頑張っているにもかかわらず報われない人」をサポートしようと決意したのです。

私が転職エージェントとして何よりも大切なのは「デジマ業界で頑張りたい」という相談者の思いです。

相談者を片っ端から、いろいろな会社にエントリーさせて、より多くの内定をとっていけば、転職エージェントとしてのビジネスとして成功です。

しかしそれは、必ずしも転職希望者にとっての成功とは限りません。

転職エージェントがいい思いをして、当の転職希望者がハッピーになれないのでは、自分がやるべき仕事として本末転倒ではないでしょうか?

そんな私たちの考え方が評価されているのか、かつて私たちが転職をサポートした方から、新たな転職希望者を紹介していただくことが少なくありません。

これは転職エージェントとしては珍しいことであり、また、私たちの考え方が支持されているのだと、勇気づけられることでもあります。

そしていま、私が新たに実現したいのは、デジタルマーケティング職という「幸福な仕事」のバトンを若い世代に渡していくことです。

デジタル化が浸透したといっても、それを活用し、社会に還元できるデジタルマーケティング人材はまだまだ足りておらず、かつ、その還元の幅は無限大です。

デジタルマーケティングとは、世の中をもっと幸せにできる仕事だと私は感じており、そのような仕事ができるのは、現在の日本では、とても恵まれたことだと思います。

だからこそ、本気でデジタルマーケティング業界で活躍したいと思っている若者を徹底的にサポートして幸福な人々を増やすために、私は新たに『デジマＪＵＭＰ』というサービスを立ち上げました。

これは、デジタルマーケティング業界の経験者、未経験者を問わず、最終的には業界最大手クラスの企業への転職を成功させるための、ウィンスリーだけのキャリア形成プログラムです。

高い目標を掲げて努力を続ける。

『デジマＪＵＭＰ』によって、そのような方々の手助けができればと思っています。

頑張っている人が報われる社会。

それは理想に過ぎないかもしれません。

しかし私は、まずはデジタルマーケティングの人材市場から、その理想を実現できる社会に日本を変えていきたいと本気で考えています。

デジタルマーケティング業界で頑張っている人、これから頑張ろうと思っている皆さんの幸福と成功を、心から祈っています。

本書ご購入者限定
特典のご案内！

本書をご購入ありがとうございました。
デジタル＆マーケティング専門人材会社ウィンスリーより、
圧倒的な転職成功率のマル秘ツールをご提供します！

1.【まずはここから】キャリア棚卸しシート
2.【合格への近道】面接対策シート

こちらのQRコードを読み取るか、
URLよりご登録ください！

https://form.w3hr.jp/atoz

※特典プレゼントは予告なく終了となる場合がございます。あらかじめご了承ください。
図書館等の貸出、古書店での購入では特典プレゼントは出来ません。
※本特典の提供は、著者の黒瀬雄一郎が実施します。
販売書店、取扱図書館、出版社とは関係ございません。
お問い合わせは https://w3hr.jp からお願いいたします。

黒瀬雄一郎（くろせ・ゆういちろう）
株式会社ウィンスリー代表取締役／人材コンサルタント。
1975年大阪府生まれ。2000年慶応義塾大学経済学部卒業。同年NTTに入社、IT関連のコンサルティング業に従事する。01年、USENに転職。「Gyao」の前身となる動画配信サービスや楽天との共同による動画サービス「ShowTime」等の立ち上げ／IPOに多数携わる。03年電通初のネット広告代理店「電通イーリンク」立ち上げに参画。このときから、「デジマ人材専門の人材紹介エージェント」を立ち上げることを構想する。
2012年、デジタルマーケティング業界専門の人材紹介エージェント「ウィンスリー」を設立する。デジマ分野で長年培ってきた「知識・経験・人脈」を駆使した非公開求人を豊富に保有している。「精度の高いマッチング」に定評があるほか、求職者の「年収アップ×ワークライフバランスの最適化」を同時に叶える「唯一無二の転職コンサル」で好評を博している。

URL：https://w3hr.jp

稼《かせ》げる［デジマ人材《じんざい》］キャリアアップ AtoZ

2024年4月4日　初版発行

著　者　黒　瀬　雄一郎
発行者　和　田　智　明
発行所　株式会社　ぱる出版

〒160-0011　東京都新宿区若葉1-9-16
03(3353)2835―代表
03(3353)2826―FAX
印刷・製本　中央精版印刷(株)
本書籍に関するお問い合わせ、ご連絡は下記にて承ります。
https://www.pal-pub.jp/contact

ISBN978-4-8272-1443-7　C0034